即買いされる技術

キャッチコピーはウリが9割

コピーライター
弓削 徹

はじめに

天才エジソンもウリで困っていた

あなたの商品やサービスに、お客様に選ばれるウリがなければ売れない。

これは当然のことですよね。

かのピーター・ドラッカーは、**「強みのうえにすべてを築け」**と言いました。

ビジネス活動とは、他社よりすぐれているポイント、お客様に選ばれるウリをつきとめ、これを主張していくものですから。

ところが、彼はこんな言葉も残しています。


「自ら決めた強みはたいていてい間違っている」

まさか！

ウチがずっと扱ってきた商品のウリを、自分が間違えているなんてことはあるわけがない。この商品なんて、私自身が開発したのだから、正解を知っているのは私なのだ、と思いましたか？

ところが、ウリを見誤っている事故、いいえ事例はいくらでもあげることができます。

エジソンは、ご存じのように蓄音機《ちくおんき》を発明しました。**ビジネスマンとしても優秀だったエジソンは、蓄音機のウリを「ビジネスメモを音声で録音できる事務機器」と定めて、販売活動を展開しました。**

ところが、反応は思わしくなく、売上もさっぱりです。それを近くで見ていた別のセールスマンが「これは音楽を録音、再生するのによい商品なのではないか？」と考え、営業活動をしたところ、歴史を変える巨大な市場が立ち上がったのです。

天才エジソンであっても、このようにウリがわからない。というか、近くにいるからこそウリがわからないのです。

ＳＯＮＹが、はじめてテープレコーダーを開発したときも同じでした。

じつは、最初は裁判所や法務省に売り込みをかけたのです。裁判や証言の記録に利用するという着眼点はわるくないと思うものの、これが苦戦します。

しかし、改良版の後継機ができたころには戦略を転換。音楽教育に使うことを前提に学校へ売り込みをかけ、今度は成功します。同じ音響製品で、エジソンと同じタイプの失敗をたどったところが興味深いですね。

この実話、ＳＯＮＹがウォークマンを世に送り出す約30年前のことです。

言葉のサイズがビジネスのサイズを決める

なぜウチの商品は売れないのか。

不景気だから？　少子化だから？

いえいえ、どんな経済不況のド真ん中であっても、売れに売れているものはあります。

少子化のせいで単価が上がり、逆に収益力が高まった商品もあります。

同じような商品なのに、片方は手放しで売れていて、もう一方はさっぱり売れないという話はよく耳にします。

「この商品が売れなくて困っています」とご相談を受けたときに、私が「でしょうね。だってどこにもウリを書いていないんですから」と感じることは数えきれません。

ウリが書かれていないから売れない。あるいは書いてあるウリが的はずれ。そこへ正しいウリをキャッチコピーに書いたとたん、コロッと売れだした事例はいくらでもあります。

キャッチコピーのセミナーでいただくご質問も、「キャッチコピーに何を書けばいいのかわからない」という内容がとても多い印象です。もうおわかりのように、このお悩みの理由もウリを意識していないからです。

こだわりの特長や機能をカッコよく書いておくのが、キャッチコピーやネーミングだと考えているなら、それは間違いです。**ウリとはお客様が買うべき理由であり、それをズバリの強いキーワードで提示しなければなりません。**

ウェブサイトや商品パッケージ、POPなどは2、3秒しか見てもらえません。そのとき、お客様の欲しい気持ちに刺さるウリを、秒で伝えなければ負けなのです。

さらに、**考えなければならないのは、そのウリの尖《とが》り具合**です。

お客様の立場になって、商品を買うシーンを想像してください。

たとえば大手企業は、大多数の人が欲しがる商品を、ブランドイメージと販売網をテコにして低価格で大量に売る。

一方、小さなウェブサイトや無名の中小零細企業は、一部の人が必要とするニッチなウリを打ち出し、お客様のほうから探してもらい、高く売る。

これは、誰もがパソコンやスマホで、すぐに検索できる環境だからこそ可能になったスタイルです。全国的なブランド認知がなく、強力な営業部隊もなく、広告費もないのですから、そうするしかありません。スモールビジネスが、どこでも買える商品で勝負して、アマゾンや楽天市場に勝てるはずがないのですから。

ニッチなビジネスを成立させるものは、あなたが売っている商品やサービスの尖ったウリを見つけ、言葉にして伝えることです。

それがしっかりできていれば、売上に困ることはないはず。つまり、言葉のサイズがあなたのビジネスのサイズを決めるのです。

正しいウリを伝えることはあなたの義務

何をウリに設定すればいいのか、どう表現すればいいのか、そのやり方一つで、ビジネスは儲かりもしますし、赤字にもなります。

何よりもウリが大切であるということは、ウリを見つけるセミナーはもちろん、キャッチコピーや販路開拓のセミナーでもお話ししている中心の部分です。

本当のウリをつきとめ、それをはっきりと打ち出すことさえできれば、あなたの商品はより多くの人の手に届くでしょう。それによって、困りごとを解消できる人や、笑顔になる人は増えます。

あなたの商品が本当に人の役に立つよいモノなら、それを売り広げることは権利や資格ではなく、あなたの義務です。

ぜひ、役立つウリのポイントを、わかりやすく伝える工夫をしてください。あなたの活動が、社会を少しずつよりよい場所にしていくことにもなるのです。

では、「ウチの商品」のウリを、どうやって見つければいいのでしょうか。

そして、見つけたウリを、どのようにしてキャッチコピーに仕立てたらよいのでしょうか。

時間もなく、知識も経験も少ない、そして資金も豊富ではないなら、どうすればいいのか。思ったように売れない商品を抱え、急に「あなたのウリは間違っているかもしれない」と言われても途方に暮れるばかりでしょう。

本書では、まずウリの重要性、大手企業もウリをカン違いしている例、逆にズラして成功した事例の紹介を通して、ウリというものを体感的に理解していただきます。

そして、ウリを発見する考え方や発想の枠組みを提示していきます。実際にウリを見つけることに取り組んだ中小企業の物語を山ほど紹介していますので、必ずご参考になる事例があるはずです。

さらに、そのウリが刺さるお客様を決めて絞り込む方法、そのお客様と出会うための工夫と、発見したウリをどんな言葉で発信していけばよいかを、わかりやすく解説します。

この流れで、今日から実践しやすいように書いたつもりです。

一人ビジネスでも、小さなウェブショップでも、中小零細企業でも、ぜひあなたのビジネスが内包する本当のウリを見つけて、一人でも多くの人にその価値を届けてください。

弓削 徹

第2章 広げるな！ ターゲットは絶対に絞ろう

第3章 「商品」ではなく「使い方」を売ろう

第4章 強みを活かす？ 弱みも立派な武器になる！

第１章

お客様が欲しくなる「セツジツ」を探す

「ウリ」とは選ばれる理由のこと

「ウリ」とは、お客様があなたの商品やサービスを買う理由、またはお店そのものの強みです。

マーケティング用語でいえばUSP（ユニーク・セリング・プロポジション）です。

ホンダ創業者の本田宗一郎さんは、「画期的な製品を開発することと、その価値をわかる人を見つけること、そしてその価値を人々にわからせることは、まったく同様に大事」と言い残しています。

私は大学でマーケティングの授業をしていますが、初回でお話しするのは「マーケティングとはとてもシンプルなものである」「どれほどの理論、フレームワークを積み上げても、結局はこの1行に集約される」という現実です。

マーケティングが身につくその1行とは、次のフレーズです。

誰に、何を、どう売るか

これを考えることさえできればいい。

2番目の「何を」が、まさにウリなのです。

では、どのようにウリをとらえていけばいいのでしょうか。

ウチはこれが得意だから、あるいはずっとこれにこだわってきたのだから、ウリだろう、とは単純には決められません。

まずは、このウリというものを感覚的に把握していただくため、わかりやすく「モノを運ぶ系」のサービスを展開している企業を例にとって説明してみます。

フェデックスなら「翌日配達」

世界的に知られた米国の巨大物流企業です。

そのウリは「翌日配達」です。

フェデックスの創業者は、大学の卒業論文に、すでにそのウリを書いていました。

当時は、企業が商品を発送しても、相手先にいつ届くかが不透明な時代。彼は、企業が荷物を発送すれば、全米どこでも翌日には届くサービスを立ち上げたいと論じました。ところが、担当の教授は**「実現不可能な夢みたいなことを……」**と受け止め、評価はCでした。Cはギリギリ合格ですね。

しかし、大学卒業後、彼はこのビジネスを立ち上げ、見事に「翌日配達」を実現させました。ご存じのように、日本にも進出しています。

ドミノ・ピザなら「30分以内にアツアツのピザ」

こちらは、少し親しみを持っていただけるでしょうか。

ドミノ・ピザは、やはり米国でモナハン兄弟が立ち上げたピザのデリバリーサービスです。当時は、お客様が「夜に放映される映画でも観ながらピザを食べたい」と思って注文しても、映画が終わったころに冷え切ったピザが届くという状況だったといいます。

そこで、モナハン兄弟は思い切って**「ご注文をいただいたら、30分以内にアツアツのピザが届きます。遅れたらお代はいただきません！」**というウリをアピールしました。

この革命的なステイトメントの効果で、モナハン兄弟のチェーンは全米にネットワークを拡大することに成功し、日本など世界中に進出しています。

「ピザのデリバリーといえば、30分くらいで届くものでしょ」という固定観念を、私たちに植えつけたこともすごいですよね。

アスクルなら「アスにはクル文房具」

最後は日本の企業です。

文房具メーカーの別事業としてはじまったこのサービスは、オフィスへ文房具やミネラルウォーターなどを配達するもの。「今日、注文すると明日届く」、明日来るからアスクルです。

もう、ウリそのものを社名にしていますね。会社のなかで**「コピー用紙、頼んでくれる?」「わかりました」「いつ届く?」「明日ですよ、アス、クルですから」**なんていう会話が交わされている様子が目に浮かびます。

ネーミングのダジャレは、このくらいのレベルがよいのですね。

以上、3つの企業は提供する価値、つまりウリを明快なキーワードやメッセージで表現しました。ユーザーが選ぶべき理由を、一瞬で伝えることができたのです。

その効果もあって、ビジネスの成功を引き寄せたと言えます。

ウリとは変化し、磨き続けるもの

では、おなじみのスターバックスはいかがでしょうか。

スターバックスのウリは何なのか、少し考えてみてください。

コーヒーチェーン、つまり飲食店ですから、やはりコーヒーのおいしさだと思いましたか？

けれど、かつてスターバックスは、コーヒーの目隠しテストで、マクドナルドに負けたことがあります。

じつはスターバックス自身が提示しているウリは、「サードプレイス」です。

サードプレイス、第3の場所。職場や学校ではなく、しかし家とも異なる、くつろげる第3の場所。それがスターバックスの価値だというのです。

コーヒーチェーンなのに、おいしさで真っ向勝負はしていない。そう言われてみれば、あのフレンドリーな接客サービスや、座り心地のよいソファにも納得がいきますね。

では、あなたもユーザーかもしれない iPhone のウリはどうでしょうか。スティーブ・ジョブズがはじめて iPhone のプレゼンテーションをしたとき、なんと言ったか。**ジョブズは、iPhone の価値を「電話機の再発明」と定義したのです。**

たしかに、電話や携帯電話の文化そのものを変える商品です。ただ、その後はどうだったでしょうか。

iPhone に限らずスマートホンは、メールやショートメッセージができ、ウェブサイトの閲覧や検索ができ、カメラや音声レコーダーになり、ＳＮＳや買い物、ゲームもできます。「あ、そういえば電話もできますね」というくらいなんでもできるのです。

あえていえば、持ち運びできる手のひらサイズのコンピュータのようなものです。そう考えると、生前のジョブズが定義した価値からは、かなり離れてしまったと言えます。

先にあげたモノを運ぶ系の会社も「翌日配達」「明日来る」と言っても、アマゾンやヨドバシカメラが当日配送したり、ネットスーパーが3時間以内に届けます、というサービスを展開したりしたら、もう特別のウリではありません。

このように**ウリとは、時代や市場環境、技術革新、そして人々のニーズが変われば価値を変えていくもの**です。

だからこそ、お客様のニーズを考えてウリをつくったり、変更したり、磨いたりしていかなければならない。それがウリというものなのです。

たとえば、「森永ホットケーキミックス」が1957年に発売されたときのウリは、「憧れのホットケーキが家でつくれる」でした。それが、やがて「インスタントで手軽にパンケーキ」が焼ける手抜き商品へと変化します。

そして21世紀のいまは何がウリなのかというと、「親子で一緒にクッキングの時間を楽しめる」となっているのです。

まったく同じ商品が、時代背景やライフスタイルによってウリを変えていく。

あなたの商品が選ばれる理由をどんな言葉で打ち出すかは、まさに売れるか、売れないかを分ける生命線であり、マーケティング戦略そのものだということができます。

このウリを見つけることができれば、当然のことながら集客も販促もラクになるのです。

企画・開発の本人ほどウリがわからない

では、これほど大切なウリを、大手企業や有名ブランドはきちんと把握しているのでしょうか。

じつは、多くの企業がカン違いしているのが実情です。

たとえば、一時期とても売れていた育毛シャンプーがあります。

なぜ、好調に売れているのかと問われたメーカーの担当者は、「それは育毛・養毛効果が高い商品だからです」と胸を張ります。

しかし広告業界としては、あれほどタレントを総動員してテレビCMをバンバン流し、番組タイアップをすれば認知が広がって売れるでしょう、と受け止めているところです。

商品単体のウリは何かと考えたとき、まず商品のパッケージデザインに目が行きます。

女性向け化粧品のようなシックなボトル、ゴージャスな色使い。お風呂場に置いているところを彼女に見られても恥ずかしくないでしょう。

それまでの育毛・養毛製品は、丸い壺のような緑色のボトルに、筆文字で育毛やら毛髪ナントカと書かれていましたから、ずいぶん時代が変わったと言わざるをえません。

つまり、**客観的に見た場合のいちばんのウリはパッケージデザイン**なのです。

では、2番目のウリは育毛効果かというとそうでもなく、その流通戦略があげられます。

男性の読者ならおわかりだと思いますが、育毛・養毛系の商品を、女性がレジを打っているような店頭で買うのに気おくれすることがあります。

このメーカーは、当初、流通販路をネット上に絞って経費を集中投下しました。

おかげで男性ユーザーは、何回かクリックするだけで、誰とも顔を合わせることなく商品を手にすることができたのです。持ち帰るには重たいボトルということもあり、この戦略は非常に有効でした。

その次くらいのウリに、育毛・養毛効果の高さが来るのかもしれませんし、そうではないのかもしれません。

宣伝のプロも先入観にとらわれてしまう

あるいは、ハリウッド映画の『ＳＡＴＣ』はどうでしょうか。

省略せずに言うと『セックス・アンド・ザ・シティ』。４人の中年女性がドタバタを繰り広げるラブコメディで、ヒットしたため続編もつくられました。

国内配給会社の宣伝担当者は、この映画のウリを問われて「女性が聞きたいガールズトークです」と答えていました。

そのため、映画のプロモーションは女性向けにおこなわれ、いざ劇場公開がはじまると、観客席はほとんど女性、あとはカップルがちらほらという状態。

宣伝担当の戦略は正解だったように見えますが、この作品がＤＶＤ化され、セル、レンタルがはじまると、ＴＳＵＴＡＹＡなどのデータベースでは30代、40代以降の男性の貸し出し履歴がすごい勢いで伸びたのです。

つまり『ＳＡＴＣ』は「男性も観たい、聞きたいガールズトーク」であったというわけです。しかし、ターゲットとウリがズレていることに、宣伝のプロである配給会社の担当者は思いが至りませんでした。

もし、**ここに気がついていたなら、女性向けのプロモーションだけでなく、男性向けのプロモーションも実施することができた**でしょう。

「この映画は女性が楽しめるコンテンツですが、男性も一緒に、いいえ男性だけで観に行っても楽しめる映画です」とアナウンスする。さらに、あえて男性限定の試写会を開催して話題づくりをするという選択肢もありました。

もし、そうしたプロモーションも仕掛けることができたら、興行収入は1割、2割アップしたのではないでしょうか。けれども、宣伝のプロであっても、そこには気づかなかったわけです。

プライドがジャマをして認められない

もう一つ、例をあげます。新聞です。新聞または新聞社のウリはなんでしょうか。

この質問を、新聞社の人や記者さんにぶつけたときに返ってきそうなのが、「記事の質が高い」「情報が早い」「社説を読んでもらえればわかる」など、記事内容の優位性をウリとする回答です。

もし、本当にその通りなら、いまほどいい時代はありません。誰もがインターネットにアクセスしますから、自慢の記事をサイトにアップすれば、みんなが読んでくれて、有料会員になってくれるでしょう。

ところが実際は、リアルの購読者も減っていますし、デジタル会員の登録者も増えていません。それを見る限り、どうも自己分析のウリは正しくないように思えます。

では、新聞社のウリとは一体なんなのか。あるとき、作家のエージェント会社・コルクの佐渡島庸平さんが、ラジオでしゃべっているのを聴き、納得がいきました。

新聞社のウリとは、夜中の2時までかけて書いた記事原稿が、ほんの数時間で新聞という印刷物になって、全国の家々の玄関口までストンストンと届く、スーパーな印刷&デリバリーシステムなのです。

しかし、プライドがジャマすることもあり、きっと彼らは、このウリを認めることはないでしょう。

「1000円ポッキリ!」のウリは安さではない

いまや主要駅の近くやオフィス街の端に、必ず店舗を見つけることのできる1000

円カットの理髪店チェーン。

「1000円」とついているくらいですから、そのウリは低価格だと思いますよね。

では、本当に安売りビジネスなのか、ふつうの理髪店と比較してみましょう。

ふつうの理髪店は、1時間あれば一人の髪をカットして、4000~5000円の料金をいただくビジネスです。

これに対し、1000円カットでは一人10分ですから、1時間あればフル回転の6人はムリでも、5人くらいの髪を切って5000円をいただけます。

どちらも、同じ程度の売上です。

しかし、1000円カットのお店では、シャンプーやヒゲ剃り、毛染めなどはしませんし、マッサージや耳かきのようなサービスも一切なし。

ですから、出店の際はオフィスのようなハコさえあれば十分で、設備投資も少なくてすみます。それを考えれば、むしろ1000円カットのほうが、儲けを出せるビジネスだと言っていいでしょう。

つまり、1000円カットは、安売りビジネスなどではないのです。

では1000円カットのウリはなんなのでしょうか？

たとえば、忙しいビジネスマンが、駅近くにある1000円カットのチェーン店前を通りかかり、「最近、髪を切っていないからそろそろ切りたいんだよな……」と考え、店内を覗《のぞ》くと、お客さんが３人待っています。

「あ、こりゃ時間がかかるな。今日はやめておこう」

数日後、また店舗の近くに来たこのビジネスマンが、店頭のランプを見て待ち時間なしだとわかりました。覗いてみると、今度は一人も待っていません。

「おっ、すぐに切ってもらえる！」

こうして10分後には、また仕事に戻ることができました。髪をカットできるのはもちろん、待ち時間も切る時間もカットできたのです。

そう、**時短ビジネスであることこそが、1000円カットチェーンの最強のウリ**なのです。

なにしろ、世の中で時間よりも価値のあるものは売っていません。

業界トップのQ社のキャッチコピーは「10分の身だしなみ」ですが、もっとあからさまにウリを書くとこうなるでしょう。

時間がない？ 髪も待ち時間もカットします！

ベタすぎますか？

けれども、**キャッチコピーの効き目はウマく書くことより、伝えている中身で決まるのです。**ウリがはっきりとわかると、ターゲットが明確に定まってきます。

そして、キャッチコピー文も、より具体的に書くことができます。セールストークもシンプルで強いものになります。これにより、ウチの商品の価値をわかってくれるお客様と、つき合うことができるようになるのです。

これまで見てきたように、大手企業や有名チェーンなどであっても、ウリをカン違いしている例には事欠きません。

スケールメリットでなんとかなる大手はよくても、スモールビジネスの場合ですと、ビジネスがうまくいかない原因や、モノが売れない原因は、商品やサービスのウリを間違えていることなのです。

間違ったウリをもとに、自分でキャッチコピーを書いても、あるいはコピーライターに高額を支払って外注しても、「期待したような反応がない」のは当然です。

「キャッチコピーで売れた！」という話もよく聞きますが、実際は正しいウリのポイントを見つける考え方やノウハウこそが大切です。

大工さんが段取り八分というように、**売れるキャッチコピーとは、エッジのきいた一文を書くことではなく、「ウリを見つけるプロセス」が、その9割を占めている**のです。

ダメなコピーライターも役に立つ理由

いちばん商品にくわしいはずの開発者が、いちばんウリがわからない。

本来、伝えるべきウリのポイントは、知りすぎた自社のことだからこそわかりづらく、灯台下暗しや「ウチの子に限ってカワイイ」となる。

意外なことですが、これが事実なのです。

逆に言えば、無関係の人のほうがウリに気づきやすい。

展示会出展に力を入れている会社の担当者が口をそろえて言うのは、「想定していなかった業種のお客さんがブースにやってきて、ぜひ使いたいとオファーしてくれることがある」というもの。**とくに、さまざまな業界からの来場者がある総合展では、思わぬ出会いがあり、想定外のウリが見つかると言います。**

ここまで読んでくると、ウリはわからなくて当たり前、と感じるかもしれません。裏を返せば、正しいウリのポイントさえつかめれば、刺さるメッセージを伝えられるということなので、よい商品ならその段階で売れたも同然と言っていいでしょう。

お客様がウリを見つけてくれることもある

織物機で有名な島精機製作所では、縫製《ほうせい》などの後作業がいらない「ホールガーメント横編機《よこあみき》」を開発したことで、製造コスト低減や納期短縮に貢献できると意気込みました。その効果は期待通りだったのですが、縫製工程がないから糸くずが出ない、だから火災原因が一つ解消できるという点も評価されました。同じ理由で、宇宙船の日常服にも採用されたのです。

さらには、縫《ぬ》い代《しろ》がないので、衣類の摩擦《まさつ》などでアトピー性皮膚炎に悩んでいる人の服として最適とも認められました。まさにウリのポイントを、お客様がどんどん見つけてくれたわけです。こう考えると、**第三者の視点はとても重要**だと気づきます。

コンサルタントも同様です。いろいろな会社が回り道をしながらウリを発見していく過程を知っているので、あなたの商品のウリもわかるのです。

キャッチコピーを書くのが仕事のコピーライターもそうです。外部の目から、あるいはお客様の視点から商品を再評価してくれることも、役割の一つだと思います。

そのため、実力がイマイチのコピーライターであっても、しがらみのないゼロベースから商品のウリを抽出してくれるかもしれません。

コピーライターとの打ち合わせで、商品の内容を説明することをオリエンテーションと言いますが、そのときには「このことを書いてください」とウリのポイントを押しつけないほうがいいのです。

病院に行って「風邪をひきました」と、病名を勝手に告げると「病名を決めるのは私です」と怒る医師もいますよね。これと同じで、商品の特長や差別化と思う点を伝えるだけにとどめ、「何をいちばんに打ち出して訴求するか」は、外部の目で決めてもらったほうが効果的なことも多いのです。

「ウチから近いから」もウリかもしれない

私がコンサルタントになって、すぐのころです。

コンサルティング依頼がポツポツ入りはじめたのを喜んでいたのですが、支援先の会社はどこも自分の事務所から乗り換えなしで、電車一本で行ける場所ばかりでした。

あるとき、はっと気がついて「これは場所で選ばれているのでは？」と思いましたが、怖くて訊《き》けませんでした。


これは、笑い話ではないですね。

ビジネス書作家で講演家の栢野克己《かやのかつみ》さんが、セミナーで紹介している事例に、福岡県のリフォーム会社があります。

この会社は、何をウリにしてキャッチコピーを書けばいいか悩んでいました。そこで、何度も注文してくれているお客様に「なぜウチを？」と訊いて回ったところ、あるおばさんが「あんたんところは近いけん、わるいことできんやろ」と答えたというのです。

その問答から生まれたキャッチコピーが**「近いから、わるいことができない。〇〇リフォーム」**というもの。この事例以外にも、サービス業などでは「近さ」は、選択するうえで重要なファクターになっているのかもしれません。

「魔法の水」はどの売り方が正解か？

マーケティング業界に伝わる、ある寓話をご存じでしょうか。

ある王国の森の奥深くに泉が湧きます。この泉から採取された水には魔法の効果があり、女性の肌に潤いを与え、つやつやにしてくれるのです。

国王に権利金を支払い、認可された5社のみが採水を許され、各社各様の商品企画をおこない、化粧水として発売することになりました。

化粧品専業メーカーの真泉堂（仮、以下同）では、価格を5000円に定め、テレビCMに1億円をかけて全国に流通させることで10万個を売り上げ、1億5000万円の粗利を稼ぎました。

これに対し、強力な訪販レディ部隊で売りまくるパーラ社では、価格は1万円、販売員のインセンティブを7000円に設定して3万個を販売、粗利は6000万円でした。

3社目は欧州で人気のラグジュアリーブランド、ショネル社です。宝石をあしらったゴシック調デザインの容器代に5000円をかけて売価は1万5000円、直営店を中心に5000個を売り上げて5000万円の粗利を得ました。

もっとも庶民的な花英は、マス広告を展開してドラッグストアなどで販売。価格3000円で、さすがの30万個を売り切って1億円の粗利を稼ぎました。

最後は、ディスカウントストアを全国展開するドンキーハウス。100円の容器で価格は980円、しかも、さらに大幅値引きをして店頭の目玉商品に仕立て、3万個を販売しましたが、残った粗利は300万円のみでした。

さて、当然ながら、各社とも商品はまったく同じ中身で、容量もさほど変わりません。ところが、考え方がそれぞれ違うことで、まったく異質な商品となり、異なった売られ方をします。それによって、お客様はそれぞれのウリを受け止めて、買うかどうかを意思決定するのです。

まさにこれこそ、ウリを設計するというマーケティング戦略そのものです。

寓話では、お客様にとってのウリをどこに定めるかによって、残る粗利も大きく変わりました。企業の収益を左右するこの計画を、どう立てるかが問われているのです。

一生懸命やってもウリはつくれない

言うまでもなく、ごく当たり前のメリットはウリになりません。たとえば安定走行できるクルマ、視力矯正できるメガネ、インターネットを閲覧できるパソコンなど。

ウェブショップが「送料無料」「返金保証」を、メインのウリとして戦うこともできません。これらの要素も、購入を迷ったお客様の背中を押す役割としては重要ですし、競合ショップがきっちり送料を取るのであれば、ぜひ目立つように書くべきです。

しかし、多くのショップが打ち出しているウリですので、お客様も当然のこととして受け取り、印象にも残らないでしょう。**ウェブショップでは、ほかでは買えないディープな品ぞろえがあることなどをウリにするべきです。**

ＢtoＢ、企業間取引となると、ウリのカン違いはやや減少するとお考えでしょうか。

私は製造業の会社と多くのおつき合いがありますが、とくに町工場の社長さんに「御社のウリや強みはなんですか」と聞くと、ＱＣＤのどれかを答えるケースがほとんどです。Ｑとは品質、Ｃはコスト（価格）、そしてＤはデリバリー、つまり納期のことです。

しかし、私はいつも**「ＱＣＤはウリになりませんよ」**と伝えています。

Ｑの品質について言えば、国内で生産する以上、高品質が当たり前です。しかも日本人が求める品質の水準は世界一です。「オーバースペック」と呼ばれる弊害が生まれるほど、品質を追求しすぎています。ここをウリにしても差がつかないか、結局は生産設備への投資金額次第で決着するということになるのです。

品質というより精度は適正水準として、やり方を変えるＶＥ（バリュー・エンジニアリング）を追うほうが、よほどやりがいがあります。つまり、加工方法などをゼロベースで考え直すアイデアを出すことで、精度を極めるのです。

価格で勝負していいのは大手企業だけ

Ｃのコスト、つまり価格についてですが、低価格で選ばれてよいのは大手企業だけです。大手企業には低価格にできる経営規模があるからです。大量仕入れで材料原価を下げ、大量生産で製造コストを下げることができるので、低価格でも利益が生まれます。

中小企業にとって理想の顧客とは、高い単価で買ってくれるお客様です。

技術を評価し、価値の高い使い方をしてくれるお客様です。

商品のよさではなく、価格の安さで選ばれるくらい、悲しいことはありません。

安さで発注してくるユーザーは、やがてもっと安いところを見つけて去っていきます。

不毛な値下げ競争の行き着くところは、結局は社員の給与にしわ寄せがいき、優秀な社員から離脱していくことになるのです。

「痛くない注射針」で知られる東京・墨田区の岡野工業の岡野雅行社長は、**「ふつうのところがやったら儲からない仕事でも、ウチは受けるよ。やり方をガラッと変えて儲かるようにしちゃうから」**と言います。

つまり価格も、アイデア次第なのです。自社を安売りするのではなく、ユーザーの工程でのコストダウンを実現する技術を提案し、高い金額を請求してほしいものです。

現場が疲弊することで成り立つウリはやめよう

Dのデリバリー、納期について。

かつて、のんびりしていたころは1週間ほどであった納期が、5日間をウリにするところが出てきたため、「ではウチは3日にしよう」となったりします。

すると、ユーザーのほうも「2日間でできないか？」と要求を出します。やがて翌日納品になり、さらに24時間以内となり、現場はますます疲弊していきます。

納期も、適正なラインというものがあり、その範囲で受けるべきです。そうでなければ人材が流出し、企業としての永続性が失われてしまう結果となるかもしれません。「オタクは早いから頼んでいるんだよね」と、顧客に言われるのも悲しすぎます。

結局のところ、ＱＣＤはウリや強みではなく、自社のパフォーマンスをチェックするときの項目となるものなのです。

また、一貫生産や、高い内製化率をウリにするメーカーがよくありますが、それが顧客にとって明確なメリットにならなければウリとは言えません。

社内に、設計からロジスティクスまで一貫して抱えていることが、市場の需要変化についていけない原因になった例もあります。**災害大国の日本では、むしろ一つの拠点にサプライチェーンが集約していることはリスクです。**

なにしろ、最も成功しているアップルやキーエンスは、ファブレス（工場を保有しない）です。一貫性産によってリードタイムが縮まり、短納期が実現したとしても、しょせんはデリバリーです。本質的なメリットとはなりません。

自分が「何屋さんなのか」を決めよう

ウリと、機能・特長を混同しているケースもよく見かけます。

機能、特長や仕様などはウリではありません。

「えっ、特長こそがウリなのでは？」と思いましたか。

では、たとえば、あなたが水質分析器のメーカーだとしましょう。新製品は小型化したことが特長なので、これをキャッチコピーに書きます。「水質分析器がコンパクトになりました！」のように。

これを見たユーザーは、こう思うかもしれません。

「置き場所には困っていないから、コンパクトでなくていい。本体が小さくなって機能が省略されたり、価格が高くなるのならいらない」

ところが、コンパクトになった背景には、次のような意義があるのです。

――コンパクトになったので持ち運びができる。だから、分析したい池やプールなどの水源地に持ち込み、その場でスピーディかつ高精度な分析ができる――

これが、ユーザーにとっての本質的な〝メリット〟です。これをキャッチコピーに書いたらどうでしょう。ユーザーは「それなら、もう一台、買ったほうがいいのかなぁ」と検討をはじめるかもしれません。

キャッチコピーは特長や機能ではなく、メリットや便益（ベネフィット）を書くというのは、こういうことなのです。

ウリとは「メリット」や「おいしさ」のこと

小型化を打ち出す商品はよくありますが、それによってお客様が「こう使える！」と、ピンとくることはなかなかありません。

いわば連想ゲームですから、その回答はもったいぶらずに書いておくべきです。

その「回答」こそが、お客様を動かすウリなのですから。

電動ドライバーが静音になったら？　↓　マンション居室でも使えるようになる

このようなカンタンな連想なら、お客様も回答を思いつくかもしれません。ただし、それでも**親切に答えを書いておくことがビジネス**です。

では、次のような小型化が実現した場合、どんなウリが生まれるでしょうか。ちょっと考えてみてください。

①電動工具が小さくなった
②屋外用ストーブが小さくなった
③スマホの部品が小さくなった

①の電動工具（インパクトドライバーなど）は、部品やバッテリーが小型化し、本体が小型・軽量化すると、女性でも簡単に使いこなせるようになるかもしれません。

そうなると、最近、増えているＤＩＹ女子に選んでもらえる可能性が高まるわけです。

ところが、ただ「小型・軽量で使いやすくなりました」とキャッチコピーを書いても伝わりません。そこで、数字で伝えるとわかりやすくなります。

「当社比30％の軽量化で使いやすく！」

最後の手段としては、本体をピンク色にすることです。ネコなど動物のキャラクターをプリントしてもいいでしょう。ネーミングも、そのネコの愛称にします。

そこまでやってはじめて、女性ユーザーに気づいてもらえるのです。

②の屋外用ストーブは、水質分析器の例に似ています。屋外用ですから、持ち運ぶことが前提です。車でしか運べなかったストーブが、自転車でも運べるようになれば、サイクリストもターゲットに入ってきます。

そうなると、キャッチコピーも訴求媒体や営業リストもガラッと変わるのです。

さらに、①と同様に女性だけでのキャンプや、山ガールに選んでもらえるようになるかもしれません。その場合の訴求メッセージも変えなければならないでしょう。新たに**「〇〇なシーンでも持ち出して暖を取れる」**などのようなアピールです。

つまり、小型化でまったく別の市場が見えてくるのです。

③のスマホの部品が小さくなると、じつは1回の充電で使用できる時間が伸びます。なぜなら、部品のスペースが減るため、その空間分だけバッテリーの容量を増やすことができるようになるからです。

これも連想ゲームなので、最終メーカーでさえ、すぐに答えを出せません。そのため、はっきりと**「連続使用時間が30％伸びました！」**と書いてあげる必要があるのです。

お客様に手渡ししている価値は何か？

また、自社の商品やサービスを一般常識の範囲でとらえていては、真のニーズを見出すことができないというケースもあります。商品を近視眼的に見ればモノにすぎませんが、それによってお客様が得られる価値に視点を移すと、本質が見えてくるのです。

花王の澤田会長は**「我々はものづくりの会社です。洗剤や掃除用品をつくっているのですが、言ってみればキレイづくりをしているわけです」**と語っています。

印刷会社は、単なる印刷業ではなく、企業の販路開拓支援ビジネスであると定義する。そうすれば、ネット印刷との価格競争に負けてしまう前に、ウェブ制作会社へと転身できたかもしれません。

同様に、寝具店ではなく安眠支援ビジネスと考えれば、お客様の不眠などの悩みを解決する視点からのサービスを提供し、差別化することもできます。

また、布団や枕、マットレスだけでなく、安眠できるサプリメントやハーブティ、入浴剤や半身浴グッズまでもが、商材として浮かび上がってきます。

化粧品店ではなく「美しさ応援ビジネス」と考えれば、肌にいい健康食品やアクセサリー、ファッションから、さらにネイルサロンや美容室、エステサロンへと事業展開が見えてくるかもしれません。あるいは、ビジュアルの面から、就活応援ビジネスと名乗ることもできるでしょう。

ゆるまないネジをつくるメーカーは、ネジ製造業ではなく、高所や危険箇所のネジのゆるみを撲滅して点検作業を減らす、人件費削減や落下事故削減ビジネスと名乗ってもいいいかもしれません。

ウリ＝価値の本質がわかれば時代を超えられる

大手企業といえども、自社の事業を近視眼的にしかとらえていないところがあり、そうした会社は市場の変化に遭遇《そうぐう》して致命傷を負うこととなります。

航空機の時代を迎え、**米国の鉄道産業が衰退したのは、自社のウリを旅客移動業とはとらえずに、鉄道業者としか考えていなかったから**だ、という事例もあります。ウリが何かをつきつめることは、会社の存続にも関わるのです。

自社の事業を、カメラフィルムの製造と規定していただけの会社は、デジカメ市場の拡大とともに退場させられ、一方で、フィルム技術を深掘りした別のメーカーは、液晶パネル部材や化粧品、半導体部品までも開発することで時代を超えました。

また別の考え方として、カメラフィルム製造ではなく、「思い出定着」ビジネスと規定していたらどうでしょうか。いまごろは、スマホ向けの高解像撮影アプリを提供したり、画像のストレージサービスをはじめたりもできたでしょう。

このように考えていくと、**ライバルは同業者に限らない**ということに気がつきます。

牛丼店の各チェーンは、価格競争を繰り広げて切磋琢磨してきましたが、ハンバーガーチェーンや定食屋チェーン、また立ち食いそば店も競合であることは明白です。

ビジネスを「便利に空腹を満たす、できれば安くておいしく」という価値を提供すると定義すれば、カフェメシやファミレス、弁当店やコンビニ店、ミニスーパーなども、すべてライバルになります。

そのとき、**どんなメッセージを打ち出したり、サービスを提供したりすれば、お客様に選んでもらえるかを考えないと、意外な敵に負けるという結果になってしまう**のです。

では、あなたの事業は、本当は何ビジネスなのか？　ぜひ考えてください。

【自社は何をウリにする会社なのか？　～モノよりコト】

印刷業　販促・集客支援産業
生花店　うるおい提供産業
寝具店　安眠支援産業
化粧品店　美人創造産業、就活応援業
出版社　文化伝達業、ノウハウ教育産業
システムベンダー　業務効率化産業、働き方改革推進業
コンサルタント　企業体質強化産業

差別化する前にやることがある

「競争に勝つための足場を固めるには4つのパターンがある」と、マイケル・ポーター（ハーバード大学ビジネススクール教授）は言っています。

まず、シェアトップの大企業の「マーケットリーダー」。それに次ぐ「マーケットチャレンジャー」。さらに「マーケットフォロワー」。けれども、世の多くのビジネスの立場は、4番目の「マーケットニッチャー」に相当するでしょう。

マーケットニッチャーとは、特定の得意分野に集中することで、自らが活躍できるフィールドを確保する立ち位置。そのフィールドとなる「ニッチなニーズを見つけ出す」ことが命題です。

その考え方に基づけば、通りいっぺんのウリでは勝ち戦にはなりません。

たとえば、ネットショップをアピールするとき、「豊富な品ぞろえ、送料無料、親身なサービス、お問合わせには当日中に返信」などのような訴求しかできないのなら、成功するまでにはたいへんな道のりが横たわっていると思わざるをえません。

では、無名の後発組が勝つためには、どんなウリの提示方法があるでしょうか。

最後発組が市場を制した方法とは？

みなさんのスマホには、ニュースアプリは入っていますか。

最新のニュースをまとめて手軽に読むことができるもので、新聞社系やポータルサイト系など、ストアにはさまざまなアプリがラインナップされています。

この市場に遅れて入ってきたのがグノシーです。最後発で参入したのに、一時はダウンロード数がダントツになるという人気アプリになりました。

その要因は、資金調達に成功して、テレビCMをバンバン打つことができたからなのですが、そのCM表現を見てうならされました。**グノシーのアプリをダウンロードすると、「男性は営業成績が上がるし、女性は男性からモテる」と訴求したのです。**

しかし、ニュースアプリをダウンロードすることで、そこまでいけるものでしょうか。

ふつうのキャッチコピーなら、ニュースアプリによって「効率的にニュースを読むことができる、便利になる」と書くところ。ところが、グノシーの論理はこうです。

男性がグノシーで最新ニュースを読むと、取引先を訪問したときも雑談がはずむようになる、雑談がはずめば商談もスムーズに進む、商談がまとまれば営業成績が上がり、給与も上がる。

女性の場合は、ニュースに触れて最新のトークネタを入手できれば、女子会では話題の中心になれ、合コンでは男子とも話が合う、だからモテるようになるというのです。

ふつうのメリットの、先の先を行くアピールです。しかし、第一線で働く若年層の関心事をズバリ突いたことで、このニュースアプリは大ヒットしました。

通りいっぺんの訴求では、その他の競合アプリと比較すらされませんが、ユーザーの心の琴線に触れる表現にしたことで、横並びから抜け出すことに成功したのです。

お客様が不在のブルーオーシャンもある

本項は、競合と比較して何が勝っているのかを問う内容です。当然、差別化することが重要だということです。

しかし、「差別化せよ」とみんなが言っていますから、「ウチだけの」何かを探そうとしたことは誰にもあるでしょうし、探し疲れてしまった方もいるかもしれません。

誰もやっていない市場へ進出することで差別化を図ろうとしたら、そこは最初からニーズ自体のない、無人のブルーオーシャンだったということもあるでしょう。

じつは、市場の成熟度合いによっては、差別化が重要でないことがあります。

実際のところ、お客様の誰もが、熱心に商品比較をするというわけでもありません。

市場の成熟度合いによるというのは、まだ十分に知られていない新市場を創出する商品の場合、まずは潜在ニーズの掘り起こしが必要だということです。

いきなり差別化を言われても、ユーザーがそうした商品やサービスの存在を知らなければ「何の話？」となってしまいますよね。

その場合は**「こうしたことで困っていませんか？　それは○○で解決できます」という前提を伝えなければならない**のです。

自身が属する業界では常識のことでも、お客様は知りません。

当たり前のことを宣言して、はじめて見込みユーザーが気づいてくれるのです。

理想のウリは「セツジツ」であること

商品やサービスには、基本的な性能や機能性というものがあります。トイレットペーパーであればしっかりと吸水する、プリンターなら文書を印刷できる、というようなはたらきです。これらの基本機能や特長によってメリットを実現するのですが、もう一段階上の価値を発揮することもあります。

たとえば、コンタクトレンズに基本として求められる機能は、視力を矯正してくれることです。最近では、装用感の快適さや酸素透過率などが問われたり、「生コンタクトレンズ」などという、新たなポジショニングを訴求する製品も出てきています。

さらに、基本機能を超えたニーズを満たす特性としては、カラーコンタクトレンズのラインナップもあります。

茶色のコンタクトレンズを装用したら、「ワタシも橋本環奈みたいになれるかな」と、ユーザーは期待をするわけです。

ところが、ある外資系のコンタクトレンズメーカーが打ち出したメリットは、そんな生やさしいものではありませんでした。

そのコンタクトレンズを装用すると、黒目がひとまわり大きく見えるのです。

黒目がちの目になると、当然カワイく見えます。つまり、女子力がアップしてモテるのです。

異性から「モテる」というメリットは、まさに切実な願望を満たすものです。そのため、男子は気づかないまま、女子の間では爆発的なヒット商品となりました。

男子に気づかれないようにするためなのか、メーカーが発信していたのは「瞳、くっきり」という、あえて抽象的なキャッチコピー。

瞳を大きくしたい、というニーズは欧米にはありません。**日本でユーザーとの対話を重ねるなかでたどり着いた究極のニーズなのです。**

しかし、開発・生産するうえでは、大して困難はありません。つまり、メーカー側にとっても、たいへんメリットのある商材だということです。

切実な商品にひそむ「非切実な」願い

逆に、典型的な切実系の商品についても考えてみましょう。

切実な商材の典型と思える商品でありながら、その決め手が切実ではないところにあるというケースもあります。

たとえば、補聴器は切実な商品であるはずです。聞こえがわるければ、コミュニケーションが成立しないのですから。ところが、自分には補聴器が必要と知っていながら、使用に踏み切れない潜在的なユーザーが大量にいます。

なぜ、会話が不便なのに、なかなか補聴器ユーザーになろうとしないのでしょうか。

じつは補聴器使用における切実さは、別のポイントにあります。

それは「補聴器を使っていることを悟られたくない、それほど衰えているのかと思われたくない」という心理です。

老人扱いされたくないため、使っていることがわからない製品仕様こそが、切実に求められるのです。

そのため、耳穴にすっぽり収まって相手から見えないコンパクトタイプや、そこまで小型・高性能でなくても、耳たぶと頭髪に隠れてわかりづらい補聴器が、価格は高くても人気なのです。

こうしたユーザーの気持ちに寄り添うことなしにはモノは売れませんし、キャッチコピー一本すら書くことはできないでしょう。

だから私たちは全神経を集中して相手の立場に立ち、お客様の心情を想像して、切実な悩みで落とした肩に、そっと手を添えることを心がけなくてはなりません。

そこには時代を超えて変わらない、商いの本質があるのです。

【事例】

滋賀県長浜の甲冑工房・一助朋月は、歴史が好きでたまらないマニアや歴女、各地の城のおもてなし武将向けに、軽くて着やすい甲冑をオーダーメイドで製作。

小さなブティックメーカーがつくるのは、腰が曲がってきてもお尻や背中が出ないように、後ろ身ごろだけが長い高齢者向けの外出着。何歳になっても外出時はおしゃれをしたい全国のファンから達筆でお礼の手紙が届く。

群馬県のインソールメーカー・BMZは、足底筋膜炎の症状を改善するインソールを開発、症状に悩んでいた患者、病院から切実で絶大な支持を受けている。

糖尿病患者のインシュリン注射に使用される岡野工業の痛くない注射針は、毎日の不快を解消してくれる切実な医療器具。

切実なニーズを探す9の視点

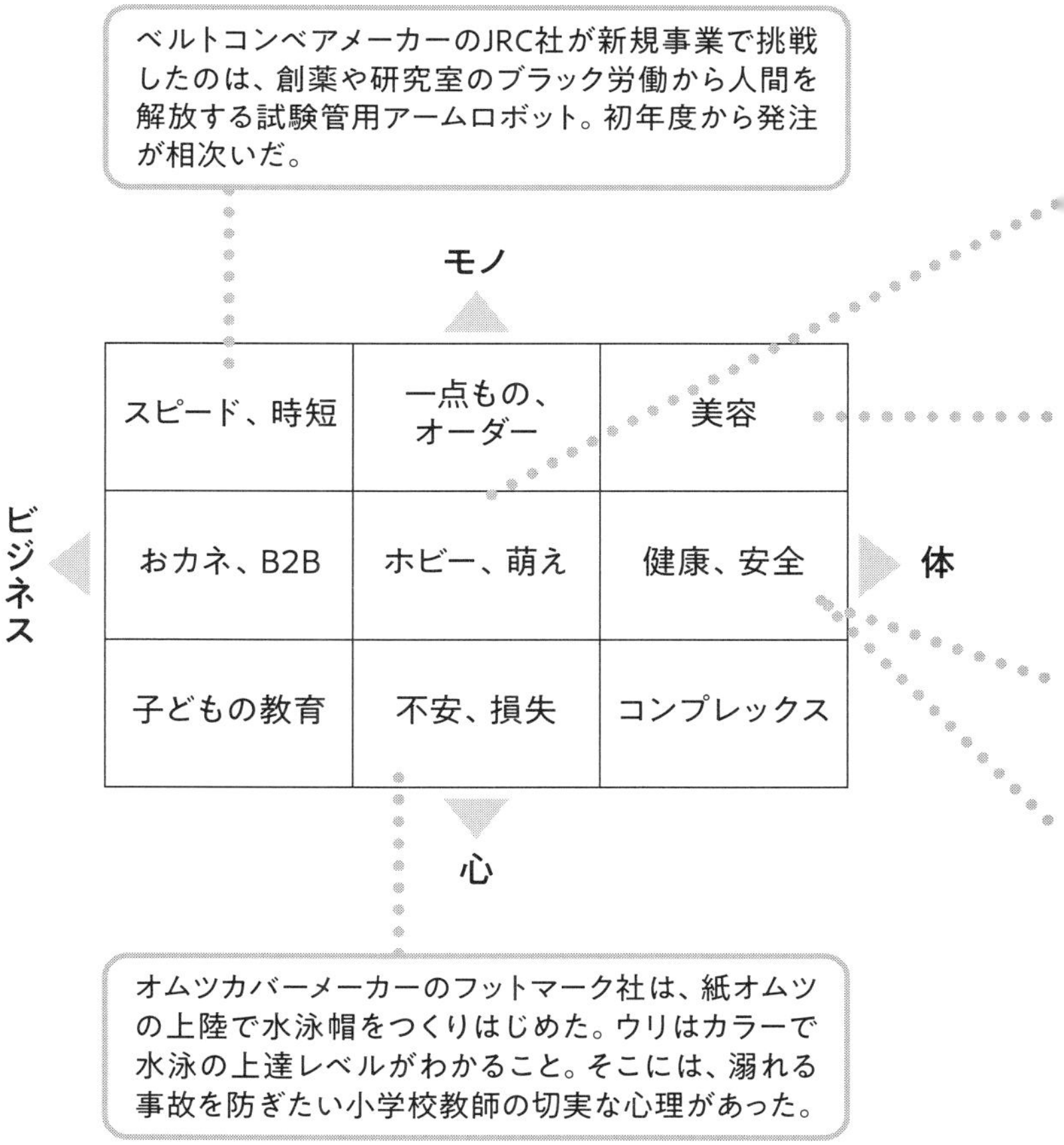
ベルトコンベアメーカーのJRC社が新規事業で挑戦したのは、創薬や研究室のブラック労働から人間を解放する試験管用アームロボット。初年度から発注が相次いだ。
モノ
ビジネス
体
心
スピード、時短
一点もの、オーダー
美容
おカネ、B2B
ホビー、萌え
健康、安全
子どもの教育
不安、損失
コンプレックス
オムツカバーメーカーのフットマーク社は、紙オムツの上陸で水泳帽をつくりはじめた。ウリはカラーで水泳の上達レベルがわかること。そこには、溺れる事故を防ぎたい小学校教師の切実な心理があった。

第２章

広げるな！ ターゲットは絶対に絞ろう

「ターゲットを広げよう！」で売れなくなる

自社の売上増を考えるとき、もっと幅広く売っていこうという方向性は、必ず検討されます。

しかし、対象を広げれば広げるほど、見込み客は離れていき、集客できなくなります。

これは、**異業種交流会に出かけたときの人脈づくりに似ている**と思います。

大勢の人と言葉を交わし、名刺交換をしても、誰とも深く知り合えず、仕事にも結びつきません。ですが、一人、二人に絞ってあれこれコミュニケーションを深めると、「また会いましょう」「会社に遊びに来ませんか？」となって、つながりができるのです。

商品の訴求も同じです。大人数に広く網を投げるよりも、一部の熱狂的な顧客を追いかけるほうが売上につながります。ネット検索の精度が上がったことで、そうしたロングテールビジネスが成立するようになったのです。

お客様はどこへ行けば会える？

よく言われるのが、ネットショップで成功したいなら、たとえば「ペットグッズの店」ではなく「ワンちゃんのグッズショップ」、さらにそれより「レトリバー専用グッズのお店」へと絞り込んだほうがよいというものです。

同じくペットブームということからいえば、人間相手の医者より獣医のほうが、さらに動物全般よりも爬虫類《はちゅうるい》専門医などと称したほうが、成功しやすいようです。

巨大通販ポータルのアマゾンであれば「何でも屋さん」で問題ありませんが、**小さなショップを単独で運営するなら、市場はニッチでも、お客様が検索をして探してくれるような絞り込んだトンガリが必要**ということです。

ネット広告におカネをかけられないスモールビジネスでは、ＳＥＯ対策に力を入れることが多いと思います。

グーグルの検索エンジンはどんどん賢くなっているため、本当に役立つ情報を蓄積していくコンテンツマーケティングの手法も、一般的になりつつあります。

しかし、大手企業と競合するようなビッグワードでは、SEO上も不利です。大手企業はおカネをかけ、あの手この手でSEO対策をしてくるうえ、広告費用も投入するからです。ツイッターやインスタグラムのフォロワーもケタ違いですので、そちらからの流入量でもかないません。

ビッグワードというのは、検索される回数が膨大な人気キーワードのことであり、いわば大きな市場です。スモールビジネスは、スモールワードであればSEOでの勝機もありますが、ビッグワードではなすすべがありません。

つまり、SEO対策をするうえでも、スモールワードで検索されるような絞り込んだビジネス、ウリであれば戦うことができるのです。

ビジネスを絞り込めば勝ちやすくなる

では、ビジネスを「スモール化」して絞り込むには、どう考えていけばいいでしょうか。同じ中身の商品でも、男性用、子ども用、業務用と銘打つと別の商品になります。

缶コーヒーを朝専用にしたらヒットしたのは記憶に新しいですし、プロ野球12球団のパッケージに分けて特別感を出したり、各県限定パッケージにするなどもよくある手です。

たとえば、カメラメーカーは一般向けからプロカメラマン向けへ絞り込み、さらにスポーツ用や水中撮影用へと細分化します。さらに、テレビ局向け、医療向けへと市場を分割したり、あるいはトイカメラのような趣味のアート市場も創出したりするのです。

全国で売られている名物のご当地コロッケは、大阪のある業者が一手に引き受けて製造していると聞いたこともあります。

従来型の印刷会社は、価格面でネット印刷にはかないません。それならPOPなどのような変形印刷物専門や、特急訂正シール専門、函《はこ》製作専門へと絞り込んでいくことで特性を出し、価格競争を避けることもできます。

つまり、**大人数にゆるくウケるより、一部の少数派が熱狂的に欲しがってくれるモノを売るほうがビジネスはうまくいく、**ということなのです。

ネットでバズるモノも、エッジが効いているからこそ。

テレビ番組で紹介されるのも「いまはこんなモノがあるんですね（いったい誰が買うんでしょう?:)」という情報だからです。

「ウリとターゲット」はセットで考える

ウリとターゲットは不可分のものであって、セットで考えていく必要があります。

つまり、**ウリがわかればターゲットはこういう人たち、と決まります。また反対に、ターゲットをこう設定するなら伝えるべきはこのウリ、**というように決まるのです。

九州・福岡のある醤油メーカーでは、ただ「おもしろそうだから」という理由でスプレー式の醤油を販売していましたが、当時はヒット商品とはいえない売れ行きでした。あるとき、どんな人が買ってくれているのかと調べてみると、なぜか愛用者には高血圧の人が多いことに気づきます。お寿司や刺身をざぶんと醤油皿に漬けたり、海鮮丼にビンから醤油を注いだりすると、加減によっては醤油の量が多くなりすぎてしまいます。高血圧の人は、それが塩分の取りすぎになるので心配なのです。

ところが、スプレー式ならワンプッシュすることで、少量をまんべんなくかけることができ、都合がいい。高血圧の人はスプレー式醤油を外出先にまで持ち歩き、入った料理店でシュッとしているというのです。

「それなら、減塩醤油でつくったらもっと喜ばれるのでは？」と考えた醤油メーカーは、塩分カットしたスプレー式醤油を開発し、「塩分の取りすぎが心配な人に」というキャッチコピーで販売します。

すると、今度は正真正銘のヒット商品となり、愛用者からも喜ばれたのです。

これも**「ユーザーがこういう人たちなら、商品のウリはこれ！」**という連動に乗っかることで市場に受け入れられた例だと言えるでしょう。

同じ商品でもウリは変えられる

私の支援先の一つである日都産業は、公園などに設置する遊具製造の老舗《しにせ》です。

顧客は自治体などですが、子ども向け遊具は少子化の影響もあって市場が鈍化し、むしろ高齢者対象の健康器具のほうが注目されています。

とはいえ、多くが老朽化した器具の入れ替え需要が前提であり、安定はしているものの市場ニーズが拡大していく環境とは言えません。

そこで着目したのが、行政の全面的な支援のもとに掲げられた企業の「健康経営」というキーワード。これは、各企業が従業員健康対策として、オフィスや工場内に健康器具を設置するというニーズです。

訴求するウリは、経済産業省や厚生労働省が推奨する効果に対応していること。

たしかに、オフィスでスキマ時間に体を動かす「ちょいトレ」により、肩こりや腰痛が緩和するのです。中堅以上の企業では、トップダウンで健康経営に取り組むところが増加し、展示会でも「すぐに設置したい」という来場者もいました。

さらに、予算が取れているので導入しなければならない企業や、「健康経営優良法人」の認定を取得するため、あるいは取得したので、何かをしなければならないという事情に迫られた引き合いが少なくないと気づきます。

「あったらよい（なくてもよい）」も、組織の理論ベースで考えると「なくてはならない」に変化することもあるわけです。

同社は、それまでの顧客の公共自治体とは異なるウリの訴求で、民間企業のニーズをも取り込むことに成功しているのです。

中小ビジネスが勝てる場所は一つだけ

ニッチな市場、という言い方があります。ニッチとは、くぼみや割れ目の意味。日本語で言うと、「スキマ」という言葉が近いイメージになるのではないでしょうか。

小さなニーズを指す言葉ですが、**ひらたく言えば、「そんなモノ、誰が買うの？」と驚かれるような商品市場だと考えていただければよい**のではないかと思います。

逆に大きなニーズ、たとえば国民全員がお客様となるような市場は、体力のある大手企業のものです。差別化がむずかしく、市場では消耗戦をしいられます。

ところが、最近は大手企業も、絞り込むことで勝機を見出そうとしています。

シェアトップの最大手は別として、2番手、3番手以下の企業は、大所帯であっても準ニッチに絞り込んで効率的に勝とうとしているのです。

こうなると中小企業が絞り込みをせず、特長も際立たせずに勝てるはずがありません。

たとえば、**エステーの社長に就任した鈴木喬《たかし》さんが、真っ先に着手したのは商品点数の削減**でした。当時、商品アイテムは約860ありましたが、その3分の1も流通していないのです。社長は、ほとんどが不良在庫だから「全部捨てろ」と号令をかけました。

しかし、社員たちの抵抗にあい、なかなか在庫は減りません。

誰の責任も問わないからと宣言する一方、社長自ら倉庫に出かけていって、在庫を段ボール箱ごと床に叩きつけるパフォーマンスをしても減らないのです。

社員が「捨てました」と言いながら、別の場所に隠した在庫を見つけて投げつける。鬼ごっこのようなやり取りを繰り返すこと3年、ようやく300アイテムほどに減少したのだと言います。

新商品を一つに絞る究極の決断

さらに社員が驚愕《きょうがく》したのは、年間60点ほど出していた新商品を、1点に絞れという命令でした。社内は「その一つがコケたらどうするのですか?」「いくつか商品がなければ営業に行けません!」と、反対の大合唱です。

これに対して、鈴木社長は「これで行けと夢のお告げがあった」などと幹部たちを煙《けむ》に巻きつつ、できあがった新商品が「消臭ポット」でした。

新商品が一つしかないなら、当然それをヒットさせなければアウトです。同社は営業活動も、テレビＣＭの予算も、この一点に集中させて大勝負をかけます。

その結果、消臭ポットは生産が追いつかないほどのヒット商品となります。５年で１０００万個売れれば大ヒットとされる同カテゴリーにあって、発売わずか1年で１０００万個以上を売り上げたのです。

エステーは中小企業ではありませんが、小売が価格交渉力を強めていくなかで、値引きを前提とする数撃てば当たる営業では、企業体質が改善できないと考えたわけです。

あのジャパネットも絞り込んで成功した

また、ジャパネットたかたでは、2代目を継いだ髙田旭人《あきと》社長が、扱っている商品点数を大幅に削減。それまで８５００点ほどあった商品アイテムを、およそ14分の1となる６００点にまで絞り込みました。

パレートの法則に見られるように、ジャパネットたかたの売上の8割は、１９０アイ

テムで構成されていたと判明したそうです。

この絞り込みによって、商品紹介や説明に動画をつけるなど質が向上、リソースを集中させる効果が生まれました。さらに、在庫管理が効率化されてスピード配送も実現。それにより業務は効率化し、収益力が高まったのです。

機会ロスがあってはならないとして、あれもこれもと商品を抱えると、企業活動の効率は落ちます。そして、お客様との接点も有限です。

このように、**大手企業であっても、絞り込むことで得意を生かし、経営資源を集中させようとしているの**です。中小企業や個人ビジネスこそ、効果的な絞り込みをすることで独自の場所を築き、対抗しなくてはなりません。

5%の変わり者に賭けてみる

世の中には、変わった意見の人が、必ず5%前後はいるものとされます。

YouTubeに上げられているどんなに感動的な動画にも、グッドボタンが押された数の20分の1から10分の1ほどは、必ずバッドボタンが押されていることを見てもおわかりでしょう。「クレージーファイブ」という言い方もありますが、こうした傾向をポジティブに受け止めることもできます。

つまり、**どんなに変わった商品も、市場の5％の人は支持して購入してくれる**のではないか——。少数であっても、支持を得ることができる商品なら、国内市場だけでもビジネスは成立します。なぜなら、いまはインターネットを活用して、日本全国の5％へと接触することができる時代だから。

東北のある小規模家具チェーンでは、お客様を「自然派の家具に興味のある初婚のカップル」というターゲットに絞り込んでいます。

この家具チェーンで扱っているのは、化学薬品などを含まない自然オイルを使用した天然木の家具。自然派の家具が好きなお客様はわかるのですが、「初婚」のカップルに絞り込むのはなぜかというと、「再婚カップルはすでに家具を持っているから」だそうです。

また、**徳島市で鶏卵業を営む小林ゴールドエッグは、30種類の専用卵をつくり、大手スーパーに対抗**しています。

専用卵とは、ゆで卵専用、目玉焼き専用、ケーキ専用など、特定ニーズに絞り込んだ卵。茶わん蒸し用卵では、アジやカツオをニワトリに与えて和風出汁に合う卵にするなど、エサや育て方を変えて特性をつけています。

もともとは、地場で価格勝負をしていた会社でしたが、いまでは全国のこだわりユーザーから注文が入る「こだわり卵の専門店」となっています。

「なんでもできる」＝「なんにもできない」

あなたにとって理想の顧客とは、価値の高い使い方をしてくれるユーザーです。もっとも価値を評価してくれるお客様は、もっとも高い単価を支払ってくれるお客様でしょう。**仮に、いまはまだ数％しかいないとしても、そうしたユーザーを少しずつ増やしていくことが重要です。**

たとえば士業の方が、依頼先を開拓することで考えてみましょう。

士業といえば税理士、中小企業診断士、行政書士、社会保険労務士など、さまざまあります。ただ最近は「資格を取ったからといって食えない」などという声をよく聞きます。

少し前、テレビを見ていたら、弁護士の平均年収が７８０万円ほどと伝えていました。

一般的に、年収７８０万円は決して低くはありませんが、かつての超難関であった司法試験をパスしたうえでの収入と考えると、ちょっと夢がないという気がしました。

ということで、どの士業も依頼を取るために「なんでもできます」と言ってしまいがちです。司法書士なら、新会社の設立登記やります、不動産取引の立ち会い・登記やります、最近は過払金請求もやっています、なんでもお任せください……となります。

しかし「なんでもできる」と言う人は、専門性を持たず何も得意ではない人、のようにも響きます。そこで、この司法書士さんが、最近はニーズが増えているとされる成年後見に絞り込んでみたらどうでしょうか。

思い切って「成年後見専門の司法書士です」と名刺に刷り込み、事務所の看板にも書いてしまう。そうして、高齢の親のことで悩んでいた人が、この司法書士の人と接触をしたらどうなるか。

「あ、この先生に頼めばいいんだ。だって専門なんだから間違いない」となって、依頼に結びつくかもしれません。**一度、依頼を受けて関係性ができてしまえば、あとは「なんでもできますよ」でいいわけです。**

このように、ウリのポイントを選び、絞り込むことで、お客様に選ばれるということもあるわけです。

ウリには「最適なサイズ」がある

絞り込むときに注意が必要なのは、もともとの「ニーズのサイズ」です。

大きなニーズは大手企業のものなので、集客・販促に苦労します。いわゆるレッドオーシャンです。かといって、ニーズが小さすぎると、狙ったお客様が買ってくれても十分な売上にはなりません。

つまり、**あなたが見つけるべきなのは「ほどよいニッチ」ということ**になります。

このサイズは、商品を決めた時点で決まっていることもありますが、同じ商品でも売り方はさまざま。隠れた魅力を発掘してヒットする商品もあれば、ほかと変わらない横並び商品なのに、あるショップだけが選ばれるということもあります。

まさに、何をウリにするかによって、売上のスケールが決まってくる分かれ目になるのです。

あるサプリメントは、細胞を活性化させる効果があるので、切実なターゲットとして「妊活中の女性」にターゲットを絞りました。

その着眼点はよかったのですが、あまりにもターゲットボリュームが小さすぎたため、販売数量は伸び悩みました。そこで方向を転換し、「アンチエイジングを望む女性全体」へとターゲット層を広げたことで、ヒット商品になったのです。

新市場や成長市場はオススメできない

「いまは顕在化《けんざいか》している大きなニーズはないけれど、これから育つ成長市場だと狙いをつけている」と、起業家に相談されることがあります。

しかし、**新たな市場を立ち上げるには体力が必要です。市場が成長するまで長く投資を続ける資金も必要**です。スモールビジネスでは、これに耐えることができません。

「この商品は社会に貢献するものだ」という絶対的な信念があるなら、クラウドファンディングや、ベンチャーキャピタルと掛け合って資金を調達するのも手です。

しかし、過去にもよくあったのが、中小企業が苦労して育てた市場が実ったところに、大手企業がやってきて同じような商品を発売し、おいしいところをすべて持っていってしまう、という事態です。

あるいは、ビジネスが萌芽《ほうが》したあたりで資金が底をつき、大手企業に買収されてしまう、ということも多々あります。

さらに、そのあとは新興国の企業が参入してきて、開発のコスト負担がないのをいいことに、無茶な低価格で低品質の商品を市場にばらまき、市場そのものを壊してしまうということも起きます。

そういう意味では、成長市場もオススメできません。

「誰が買うの？」がちょうどいい

安定して稼いでいる中小企業のなかには、ほどよいサイズ感のニッチ市場を独占する、という道を歩んでいるところも少なくありません。

この場合のニッチというのは、ある意味、一つの参入障壁なのです。

たとえば、**千葉県船橋市の町工場でつくられているのが、ダイコンのかつらむき器**です。ダイコンを据えつけて取っ手をくるくる回すと、かつらむきができたり、ツマが切り出せたりします。

この道具を見た人は「おもしろいけれど、誰が買うの？」と言うに違いありません。実際は、中規模の和食店などが買うそうなのですが、決して大手企業は参入してこないでしょう。当然、市場も大きくない。

それでも、ポツポツと売れて、やがて既存客の買い替えも起きる。失礼ながら、決して成長市場とは呼ぶことはできません。しかし、これが堅実経営の町工場にとっては、ちょうどよいニーズの大きさなのです。

似た事例に「コンフター」があります。

道路脇にある側溝のコンクリートでできたフタを、テコの原理を使って「よいしょっ」と持ち上げる道具です。

これを見た人も、「いったい誰にとって必要なの？」といぶかしむことでしょう。購入するのは、建築関係で外構部の工事を請け負う会社や、町内会の人です。ダイコンのかつらむき器と同じく、ポツポツと売れます。

やはり大企業は見向きもしない市場であり、過当競争になることはないでしょう。だからこそ、安定的に、長く稼ぎ続けることができているのです。

売場を変えるだけでここまで売れる

これだけスマホやメール、ＳＮＳが普及する時代になっても、一方で電報はなくなりません。それは、結婚式のお祝いで記念に送るとか、代理で伝えてもらいたい（「借金を返せ！」など）ニーズがあるからです。

つまり**電報は、時代に合わせてお客様を変えてきた**わけです。

これと同じく、ターゲットや市場を変えることで売上をつくった商品には、いろいろな事例があります。

たとえば、こんにゃくは、決して付加価値の高い食材ではなかったでしょう。

しかし、その栄養価の低さ、０キロカロリーを逆手に取り、あるときダイエット市場に参入したのです。

それまでのダイエット食品市場は、「食物繊維を何ミリグラム増量しました！」のような微調整とも言える戦い方をしていました。そこへ、**なじみのある伝統食材が、ローカロリーをひっさげて参入してきた**のですからたまりません。

市場の価値観が、くるりと変わってしまったのです。

散歩からアスリート、さらに足の病気へ

私の支援先に、インソール（靴の中敷き）のメーカーがあります。疲れにくくなる効果のある特許インソールで、立ち仕事や外回りの営業マンが使うのに最適な製品です。

しかし、マーケティング戦略としては、トップアスリートに使用契約してもらい、彼らに憧れるセミプロや、プロを目指す学生アスリートをターゲットに狙いを定めました。

各スポーツ種目でパフォーマンスを高めて上を目指すアスリートには、真剣なニーズがあります。散歩を楽しみたい一般のユーザーよりも目的意識が強烈なのですから、インソールにおカネを払ってくれるはずです。

その戦略は当たり、Ｊリーガーやプロ野球選手、五輪メダリストが使用している影響で、多くのアマチュアスポーツでインソール愛用者が増えました。

そこへ、ある大学の医学部から「足の疾患に有用かどうかの研究をしたい」とのオファーがありました。

足の疾患とは足底筋膜炎《そくていきんまくえん》です。大学病院に通院する患者さんたちにインソールを使用してもらったところ、被験者の9割ほどに症状の明らかな改善が見られました。

じつは、かつて私自身も足底筋膜炎と診断されたことがあったのですが、同社のインソールを使用するようになってからは、ピタリと痛みがなくなった一人です。

大学での研究データを冊子にまとめて配布したり、プレスリリースを配信したところ、病院や介護施設への一括納入が決まったり、新聞各紙に取り上げてもらえました。

さらに、県のビジネスモデル大賞を受賞するなど、好影響が出ていることを実感できました。このころから売上も右肩上がりになり、政府系のファンドから出資の話まで来たのです。

つまり、**一般の散歩愛好者よりも、セミプロのアスリートのほうが真剣なユーザー**になる。さらに、**足に痛みを抱える患者さんにとってはより切実であり、社会的にも商品の意義を認めてもらえる、**ということなのです。

固定した一つの市場にとらわれていると、商品の価値を見失ってしまうかもしれないというわけですね。

同じ商材でも「相手変われば価値変わる」

同様の事例では「ブリーズライト」（鼻に貼ると気道が広がるシール）があります。ブリーズライトの発売当初は、「いびき防止」のための商品でした。けれども花粉症が大きな社会問題となると、一転して「つらい花粉症対策に」と変わりました。さらに最近では「スポーツのパフォーマンスアップに」となっています。

発売以来、使用効果は「気道が広がって呼吸がラクになる」というもので不変なのですが、そのときどきのニーズを敏感にとらえて、ウリを変えてきたというわけですね。

次は２０１７年に出版された、ある西洋美術史の本の事例です。

この本に書かれているのは、ふだんから美術書を読みこなしている人にとっては常識的なことだそうです。ところが、タイトルは『世界のビジネスエリートが身につける教養「西洋美術史」』（ダイヤモンド社）となっていて、狙った読者層は美術愛好家ではありません。

この本が、ふつうに書店の美術書コーナーに置かれていれば、さほど売れなかったでしょう。しかし、ビジネス書のタナに置かれたことで、ターゲットが変わりました。

知っておかなければならない教養を身につけて、商談などに生かしたいと考えているビジネスマンにとっては、ちょうどよい内容だったのです。

ある市場では平凡でも、ある市場では輝く

いわば、ネタは同じでも相手が変われば評価されて売れる、ということです。

同じ書籍でいえば、中学・高校生のときに習った世界史の教科書を大人向けに再編集した『一度読んだら絶対に忘れない世界史の教科書』（SBクリエイティブ）シリーズはベストセラーになっていますし、ライフネット生命保険創業者の出口治明さんの本は、ずばり『仕事に効く教養としての「世界史」』（祥伝社）です。

そのほかにも、『ビジネスパーソンのための教養としての世界3大宗教』（ディスカヴァー・トゥエンティワン）、『世界のビジネスエリートが身につける教養としてのワイン』（ダイヤモンド社）、『ビジネスエリートが知っている教養としての日本酒』（あさ出版）、『ビ

ジネスエリートがなぜか身につけている　教養としての落語』（サンマーク出版）まで、いろいろ出版されています。

また、**エスエス製薬のハイチオールCの転身は、ユーザーが教えてくれた例**です。

この薬は、最初は二日酔いの薬として中高年男性向けに売られていました。ところが、店頭では多くの女性が買っている事実がわかります。

この薬品の主成分であるL－システインは、肝臓の解毒作用があるのですが、それとともにシミ・そばかすの緩和にも効果があるものだったのです。

そこで同社は、ターゲットを変更することを決め、売場も広告表現も一新してヒットに結びつけたのでした。

在庫品も市場が変われば宝の山

もともとの市場が枯れはじめ、在庫を抱えてしまったとしても、ほかの市場を冷静に見ていると勝機をつかむこともできます。

そればかりか、移動先の市場を荒らす、いいえ席巻するというケースも少なくありません。

旧日本軍の通信機用に製造されたエンジンが終戦後に行き場を失い、大量にあまっていたときのことです。

それを知った、あのホンダ創業者の本田宗一郎さんは、「このエンジンを何かに転用できるのではないか」と思案。小型オートバイに流用してスーパーカブという新製品を開発し、誰もが知る一大ブームを巻き起こすのです。

売場を変え、価値を変えて大ヒット

漢方薬は、よくいえば効きめが穏やかですが、即効性がないとされることもあります。便秘、むくみを改善して、肥満症に効果がある薬として処方されていた「防風通《ぼうふうつう》聖散《しょうさん》」という漢方薬も同じでした。効きめも地味ですが、失礼ながら売上も地味。

そこへ、ブームとなったキーワードに担当者が反応します。

日本人は、諸外国に比べると肥満は少ないほうですが、それでもあるとき「メタボリックシンドローム」というキーワードが出てきて、太りすぎや内臓脂肪には注意が必要だ、との情報がテレビ番組や雑誌で相次いで紹介されたのです。

これに着目した小林製薬は、この漢方薬のネーミングを「ナイシトール」と変更し、「生活習慣病などによる肥満症を改善する」というキャッチコピーで売り出します。

すると「これはぴったりの薬だ！」ということで話題になりヒット。

まったく同じ仕様・性能の商品であっても、打ち出すウリが変われば、別の商品として認識され、新しいお客様が対象となります。

もう一つは知恵の輪の事例です。

ご存じのように、知恵の輪は昔からあるおもちゃです。

きっと、商店街にあるおもちゃ屋さんの奥のタナで、長らくホコリをかぶって忘れられた存在であったに違いありません。

ところが、ポータブルゲーム機などを中心に脳トレがブームになったとき、おもちゃメーカーの担当者にひらめきが降りてきます。このブームにうまく便乗して「脳トレグッズ」と再定義し、リニューアル発売されたのです。

しかも、売場は従来のおもちゃ屋さんではなく、書店へと移されます。脳を鍛える知的な商品へと変わったことで、在庫の山であったものがもう一度、復活したのです。

一本釣りからロングテールへと転身

ターゲットを変えて、販売の仕方も変えてしまった例がモノタロウです。

いまでは知る人も多い工具販売のウェブポータルですが、母体となった会社のビジネスモデルは、大手企業の工場へ人的営業をかけ、どさっと大口で売るものでした。

ところが、インターネットの普及で、「中抜きが起きる」との懸念が生まれます。

それなら、これからはシステムを活用して売ろうということになり、その事業を別会社として独立させます。

しかし、システムの使いづらさもあって、大手工場との取引はまったく増えません。

そこで戦略を練り直し、町工場へ分厚い紙のカタログを送りつけて、ネジ1本から通販する小口受注スタイルへと方向転換しました。けれど、それでも売れません。

やがて、**ＤＭチラシを町工場に送ってＥＣサイトへと誘導し、受注を取るビジネスへと落ち着いてブレイクする**のです。

試行錯誤はあったものの、いわば一本釣り営業からロングテールへの大転身。同社はベンチャー企業から、いまや東証一部上場企業にまでなっています。

ものづくりの世界では、輝きを失った過去の技術を「枯れた技術」などと呼びますが、その技術を異なる分野に持ち込んで掛け合わせると、非常に斬新な新製品が誕生したりもします。

ある市場では価値を失ったとしても、別の分野では評価されてヒットすることがある。ターゲットや売場を変えることも、ウリを発見する一つのやり方なのです。

リアル店舗がネットショップに勝つ方法

本書の読者は、ネットビジネスをされている人のほうが多いかもしれませんが、本項では窮地に立たされているリアル店舗がネットショップに勝つためには、どんなウリの発信方法があるかについて書きます。

近年、商店街などに代表されるリアル店舗はネットショップに押され、苦境に立たされていると言われています。お客様が来店しても、ショールーム代わりに使われてしまうという悔しいことも。

しかし、**リアル店舗にはリアルならではのウリをつくることもできる**はずです。

たとえば、どんどん閉店が進んでいる街の書店。ネット書店のほうには便利なレコメンドの機能があり、また絶版本も買えるなど、リアル書店には分がなさそうです。

ところが一方で、ユニークな取り組みで話題となっている書店も生まれています。

入場料を取る書店がウケる理由

東京・六本木にある「文喫」は、入場料を取る書店です。

3万点の書籍を陳列し、お茶やコーヒーはおかわり自由。ここへ、1500円（税別）の料金を払って入店します。もちろん、本を買うのは別料金。このスタイルがウケて、休日には入店待ちが出るほどです（土日祝日は1800円なのですが）。

その他にも、人と人が出会えるイベントを開催し、本を買うだけではない立体的な価値を見出している書店があります。イベントとは、たとえば著者によるセミナー開催やサイン会、読み聞かせ会などです。

選書サービスをウリにして、何か月待ちにもなっている北海道の書店もあります。

出版パーティを書店で開き、著者や編集者たちが集うことも、もはや当たり前になりました。

そもそも、書店とは文化の交流する拠点。こうした場所が廃れてはいけないのです。

それに、**ダイレクトに店舗の人と会えることは、大きな価値である**と言えます。

空間自体の価値を高めて活用しなければ、書店に限らずリアル店舗は勝つことができないでしょう。

そうした価値は、次の3つの要素に立脚しています。

- **接客力**（商品知識、野菜ソムリエ、シューフィッター、サービス強化など）
- **商品力**（PB、生鮮品強化、地域ならではの品ぞろえ、顧客の声に対応など）
- **体験力**（雑貨・調理器具を試せる料理教室、専門家が指導するヨガ教室など）

こうした魅力から発想していけば、ネットショップに勝つ仕組みをつくることは、それほどむずかしくないでしょう。**ただ商品を並べて売るだけでは、価格にアドバンテージを持つネットショップが有利です。**

売るだけではなく、手づくり・DIY教室、ペットの飼い方相談会、枕やシューズ、インソールなどのオーダーメイド受け付け、ビュッフェスタイルのレストランなら、その場で魚をさばく、寿司を握る、惣菜を揚げるなど、いくらでも思いつきそうです。

酒店が珍しい地酒の利き酒会を催したり、食器店が包丁とぎ師を呼んで実演したり、食材店が料理教室を開くなど、モノではなくコト化する試みは多く見られます。

商店や町工場の職人さんが、自身の専門知識を教える「街ゼミ」も同じです。
個店がユニークな体験やイベント性を設けてネットにはない価値を発揮する。そのためには、具体的に5つの転化が有効な方向性であると考えています。

【リアル店舗5つの方向性】
①専門化
②サービス化
③イベント化
④スクール化
⑤BtoB化

それでは、各項目を説明していきます。

①専門化

狭い分野に絞り込み、「このカテゴリーでは日本一」となる――。
ネット店舗は「店頭」はなく、在庫を持ちやすいため、どうしても総合化しますが、リアル店舗はバランスよく品ぞろえをしていけば、たまにしか売れない商品は淘汰《とうた》されていきます。

また、なんでもある店舗は、欲しいものが探しにくい店舗でもあります。

そして、目的買いをしたい人が探してまで来店してくれるためにも、特色を出すことが必要です。

たとえば、衣料品全般ではなく靴下に特化する、さらにスポーツソックス専門店へと絞り込む。そして、特定種目を決めて掘り下げていく、など。

相模原にある文具店では「左利きグッズコーナー」を展開し、たびたび新聞やテレビに取り上げられています。 左利き用商品の売上ボリュームは大きくないとしても、同店は発信力のある有名店なのです。

②サービス化

家電を買うとき、空気清浄機のようにコンセントにつなげばすぐに使えるものは、ネットで買うことに躊躇《ちゅうちょ》はありません。しかし、エアコンや洗濯機など、設置に専門家を必要とする家電となると実店舗で買う人が増えます。

あのジャパネットたかたも、エアコンの設置サービスが万全であることを強調して、売上を伸ばしました。

たとえば、**あなたが電動アシスト自転車を販売するなら、新品だけを売ろうとせず、まずはバッテリー交換に特化するのも一つの方法**です。そうすると、なかには買い替えのお客様が新品を買ってくれるようになるものです。

また、高所得者層や高齢者は、とくに接客サービスの質を気にする傾向があります。その他にも、購入の相談係という役割やオーダー加工、御用聞きや出張などの人的サービスをていねいに展開することによって、ネットショップや大手チェーンでは満たせないニーズをつかむことができます。

③イベント化

人は人と会いたい生き物です。また、モノはあまり買わないけれど、体験することにはおカネを惜しまない傾向もあります。

せっかくリアル店舗という空間があるのですから、そこを人と出会える場として演出し、人を呼び込むのです。

たとえば、地元の人的ネットワークや交流会の拠点になるような活動をしていくと、店舗はリアルＳＮＳのような付加価値を持ちえます。定期的なイベントを開催し続けていると、単にモノを売る店舗ではないと認識されていくのです。

これは、飲食店などに限りません。複数店舗が協力してはじめた朝市が、隣市からも人を集める名物になったところもあります。

温泉旅館でも無数のネコと触れ合えるところ、鉄道模型が走っているところもあります。そうなると、ふつうの観光客とは違う人を強く引きつけることができます。


非日常体験のできる演出もウリになるのです。

④スクール化

これも、モノをコト化する考え方です。

物販をソフト化し、「学びの場」として価値を高めていくのです。


前述の書店なら速読教室を開く、またはホームセンターがＤＩＹ教室を、ペットショップが飼い方教室、文具店が書道教室を開いたりする。あるいは、美容室がヨガ教室を開催するなども、美を追求する共通点があるのでいいでしょう。

食料品店であれば料理教室になります。同じ野菜を取り扱うのでも、野菜ソムリエになって専門的な知識を啓発していけば、感謝されながら販売につなげることもできます。

パン屋さんならパンの焼き方、ケーキ店ならお菓子づくり教室へと展開できるでしょう。スポーツ用品店ならスポーツ指導、コーチング、用具の手入れ法を指導するなどです。

⑤B to B化

一般の生活者を相手にするビジネスでは、単価が高くなりにくいと言えます。**これが企業や団体相手となると、販売量や金額も高くなり、売上も安定する傾向にあります。**

たとえば、人材系や営業ノウハウ系のコンサルタントも、個人のビジネスマン向けにセミナーやコーチングをするのではなく、企業の研修案件を受注する方向へ軸足を移せば、売上は数倍にもなります。

企業や団体向けの営業と言っても、それほど敷居が高いわけではありません。クリーニング店なら、家庭用ではなく、キャバクラなどの大型飲食店や舞台衣装専門へと展開すればいいのです。

あるいは寝具店が、宿泊施設や公共施設への貸し布団サービスを売り込むこともできます。企業や役所では、災害時用の寝具の備蓄需要も開拓できるのではないでしょうか。企業や職域向け、または外商、自治体・学校向けなど、対象はさまざまです。

以前、**ある塗料メーカーから、木部の傷つき防止・光沢コーティング剤を開発し、家庭向けにセールスをしているがうまくいかない、という相談を受けた**ことがありました。

一般家庭が、床やカウンタートップに高額なコーティングをするという習慣はありませんので、営業は苦戦して当たり前です。

このケースでは、傷つき防止によって、インテリアの美しさを保つことが、集客に影響を与えるようなビジネスユースを狙うべきです。ホテルやレストラン、劇場など、施設の美観維持やメンテナンスに、もともとコストがかかっているような業態です。傷つき防止や光沢維持に関するエビデンスを提示でき、費用対効果が見合うと理解してもらうことができれば、受注に至るのです。

実際、この会社は、営業先を上記のような施設に変えたことで、受注できるようになりました。

以上のほかにも、もちろん自身がネットショップへと展開してしまう方法もあります。ただし、ネットもすでにレッドオーシャンです。

また、ネットショップを開いたとたん、世界中のネットショップが競合となります。

そのため、**リアル店舗のテコ入れをするためにウェブサイトを設けたり、ネットショップを開いたりするとしても、やはり検索されたり気づいたりしてもらえるようなエッジの立ったウリが必要**なのです。

それを打ち出すことができれば、ネットで注目され、そこから本来の顧客層である近隣の人に気づいてもらえる可能性も出てきます。

ワーク2 「ウリ」を見つける手順

商品やサービスのウリがわからない初期の段階では、まず頼るべきはお客様の声です。実際におカネを払ってくれているお客様に「なぜ買ってくれるのですか?」と訊いてしまうのです。

それを重ねていき、商品の価値とお客様の購買傾向がつかめていくと、新しい商品でもカンがはたらくようになっていきます。これが、いわゆるヒューリスティクスです。

ヒューリスティクスとは、細かな調査データなどを見ずに、正解に近い答えを短時間で導き出すこと。いま、日本ですぐれた経営者といわれる人たちは、みなヒューリスティクスの達人です。

HISの澤田秀雄さん、ニトリの似鳥昭雄さん、アイリスオーヤマの大山健太郎さんなど。超多忙な彼らは、日ごろからマーケティングの理論や事例を反復学習しているわけでもないのに、いまどんな要素がウケて、それを伝えるデザインとメッセージはどうあるべきかが見えているように思えてなりません。

その段階に至っていない私たちは、自身のマーケティング的な知見の蓄積やマーケティング脳の育ち具合に応じて、大学に新入学した学生のように、初級から順番にステップを上っていけばよいのです。

ウリを見つける手順は、次のように「進級」していきます。

1年生：穴埋め式で考える

本来は、次のような穴埋め式の文章を埋めることによって、ウリを打ち出すメッセージ文の元が、さらりと完成するはずです。

○○という商品は、○○な人が、○○の用途に活用できるもので、他社製品とは○○が違います。

ところが、ウチのカワイイ子（商品）を客観的に見ることが、なかなかむずかしい。

冒頭から書いてきましたように天才エジソンであってもそうですし、その他でもカン違いしている例をたくさんあげました。

ですので、いつも言っているのは「企画するとは、客観的な視点を持つこととイコールである」ということなのです。

2年生：お客様に訊く

お客様のアンケート結果から、ウリのヒントが見つかることはあると思います。ウェブショップに愛用者レビューを掲載していくのなら効果が出るでしょう。それに、アンケート採取を通じて、顧客とコミュニケーションを取るのもいいことです。


「何に使うために買いましたか？」

「購入のきっかけは何ですか？」

「商品（店）をどこで知りましたか？」

「リピートしてくれているのはなぜですか？」

「どの商品と比べましたか？」

「使ってみて役に立ちましたか？」

「改善したほうがよい点はありますか？」……

しかし、小さな会社やお店では、このアンケートをどれくらい集めることができるでしょうか。

30通？　片手間ですから、10通くらいですか？

統計学の先生によると、こういう性質、分量のアンケートの場合「５００サンプルを集めてください」とのこと。

50人では「しきい値」を超えず、それでは誤差の範囲と言われてしまいます。

反対に、５００人に聞いて得られた結果や傾向は、５０００人にまで増やしてもあまり変わりません。

「10人にしか訊けないのであれば、やらないほうがいいのでしょうか？」と問われれば、実際は「いいえ、何か参考になることが聞けるかもしれないのでやってみましょう」と答えはします。

でも、片寄ったヘンな意見にひきずられてしまうリスクはつきまとうでしょう。それを聞き分けるのには、マーケティング脳が育っていなければなりません。

あるいは、しきい値を超えるくらいのアンケート結果数が取れるなら、そもそも集客に困っていないでしょう。

3年生：チェックリストを使う

商品のことはよく知っているという固定観念にとらわれていれば、必ずヌケやモレ、片寄りが起きます。

そこで、次のような網羅的なチェックリストを活用して、虚心坦懐《きょしんたんかい》にゼロから検討してみる、タナ卸《おろし》をしてみるということをぜひ経験してほしいのです。

他社の商品、同業者や似た業種の会社は何をウリにしているのかも、ウェブや展示会などで調べて参考にしてみてください。

【チェックリスト】

・ブランドは？
・ネーミングは？
・ネーミングの由来は？
・コンセプトは？
・メリット／利便性／味は？
・デザインは？
・カラーリングは？
・サイズは？
・パッケージは？
・価格／値引きは？
・日本一／地域一番／業界初は？
・販売実績／歴史は？
・ビジョン／信念／想いは？
・どんな人が買う？
・どんな理由で買う？

・どんな使い方？　・どのタイプが人気？　・理想的なお客様は？
・ご愛用者の感想は？　・販売場所は？　・売り方は？
・セット販売している？　・返品／返金保証は？　・送料は？
・アフターサービスは？　・環境への影響は？　・著名人ユーザーは？
・競合の訴求点は？　・同業者にホメられた点は？　・受賞歴は？
・権威者の推薦は？　・開発物語は？　・伝えたいウンチクは？
・特別なおもてなしは？　・何かワケありは？　・会社の評判／歴史／理念は？
・マスコミ紹介は？　・よくある質問は？　・技術名称は？
・新機能／特長／仕様は？　・操作性は？　・製造・産地はどこ？
・ユニークな技術／製造（収穫）法は？　・技術／製造（収穫）時期は？
・開発者は？　・納期は？　・材質／材料／成分は？
・生産量は？　・環境性は？　・耐久性は？
・競合商品は？　・希少価値はある？　・法的認可は？

4年生：質問に答える

いよいよ上級者向けの項目です。

お客様との会話やメールのやり取りを思い出しながら順番に、そして行きつ戻りつしながら、あなたが考えて答えてください。

あなたには、多くのお客様の笑顔や感謝の言葉、喜びの感想、ときにはクレームやお叱りの言葉、罵声をいただいた経験があるはずです。

それらをもらさず思い出し、回答してみてください。

①売っているモノ（サービス）はなんですか？

②お客様は誰ですか？

③ライバルはどこ（誰）ですか？

④本当の売りモノ（価値）はなんですか？

①での回答は表面的なことなのではないですか？　お客様に選ばれる本当の価値、理由は何ですか？　お客様は何に対してお金を払ってくれているのですか？

←ということは……

⑤そのウリをキーワード（強くて短い言葉）にすると何になりますか？

⑥導き出されたコンセプト文を短く書いてください。

※コンセプト文の書き方は第5章（202ページ～）も参考にしてください。

第3章

「商品」ではなく「使い方」を売ろう

不人気商品もウリをズラせば売れる！

キャッチコピーが失敗してしまう理由は、大きく2つに分けられます。

一つは、何もメッセージが伝わっていないから。 カッコイイだけの表現で、話が前に進まないパターンですね。

もう一つは、ウリがズレているから。 つまり、お客様に刺さらないウリを書いているのです。これは、とてももったいない話ですね。

ところが、わざと本来のウリをズラすことで、ちゃっかり成功している人もいます。同じ商品や技術であるはずなのに、商品のウリをズラしただけで爆売れすることがあるわけです。

新潟県長岡市のあるものづくり企業は、温度管理の技術を持っています。しかし、市場は過当競争になっており、なかなか収益力が高まらないことが悩みだったそうです。

そこへ、ある趣味を持つ友人がくれたヒントをもとに、エンドユーザー向けの商品をつくってみました。それが、爬虫類ペット向けの保温マットでした。

南方に生息する爬虫類は、冬のあいだは保温してあげないと死んでしまいます。同社の保温マットは、ペットを入れた水槽やケージの下に敷くと、ちょうどよい温度に保つことができる製品で、飼い主にとってはとても有用なものなのです。

マニア向けの商品は高価でもＯＫ

おもしろいのは、こうしたペット向けの製品は、機能性さえしっかりしていれば少しくらい価格が高くても売れてしまうところ。**あなたも、ご自身の趣味のために買う商品は、高いからといって買わずに済ませるわけにはいかないでしょう。**

これとまったく逆の例が、食器乾燥機です。

食器洗浄機ではなく、乾燥専用なので数千円で買うことができます。これを、プラモデル制作を趣味とする人たちが購入しているというのです。

塗装後のプラモデルを早く乾かすために、プラモデルやＤＩＹ用の専用乾燥機も売られています。こちらは限られたユーザー向けの趣味品のため、売価は数万円します。ところが、得られる効果は同じなので、マニアの人たちも一般的な食器乾燥機のほうを買うというわけです。

ガンダムのパッケージで話題になった、相模屋食料という豆腐メーカーが群馬県にあります。

この会社の本来のウリは、豆腐の賞味期限が長持ちする製造方法を開発したことです。食品が日持ちするのはよいことですが、これを流通サイドやお客様の具体的なメリットとして考えるとどのようになるでしょうか。

まず、商社や問屋などの流通会社は、デリバリー日数に余裕が生まれ、他メーカーの豆腐を扱うよりも、配送コストや人件費を削減できるため、収益商品として認識されます。

さらに、消費者は買い置きができるため買い物の回数を減らせますし、ネット通販で購入するなら、まとめ買いによって送料を節約することができます。

通常、豆腐のウリには、おいしい、舌触りがよい、京都名産、自然派・無添加、煮崩れしない、ローカロリーなど、たくさんのポイントがあります。

しかし、それらのどれとも異なる、ズラしたウリが成立しているわけです。

バッグを書店で売る「隠れたメリット」

ところで、女性ファッション誌のウリとはなんでしょうか。

本来は、流行の情報が早いとか、コーディネートや着回しの提案が充実しているなどになるはずです。

ところが、ある出版社から発行された後発の女性誌は違っていました。**本誌にくわえて、バッグやポーチ、美容器具など、小物や雑貨の付録をウリにしたのです。**この作戦により、同社の雑誌は日本でいちばん発行部数の多い女性ファッション誌となりました。

なにしろ、雑誌の売価が700円ちょっとなのに、付録が1000円以上するようなしっかりしたつくりのバッグだったり、人気ブランドのグッズだったりします。なんだか、買わなければソンだという気になってしまうほどです。

なぜ、このような付録をつけることが可能なのでしょうか。

たとえば企画・生産したバッグを、ふつうの流通に乗せた場合、どれくらい売れるかは未知数です。**ところが、月刊誌には固定読者がついており、毎号、何万部くらい売れるかだいたいの予想がつきます。**

流通も定まっており、何軒くらいの書店で平積みされるか、何軒のコンビニに並ぶかもわかっているのですね。

さばける数が読めるとなると、雑貨品の企画やデザイン、金型設計などの初期費用を織り込み、価格を低く設定しても利益を取れる計算ができるわけです。

それも、気合を入れた強力な付録であればあるほど、完売になりやすいというゴールへ近づきます。

こうした計画にもとづいた、非常にうまい作戦なのです。

ではどうやってズラせばいいのか?

では、あなたの場合は、どのようにウリをズラせばいいのでしょうか。

もちろん、独自のウリのポイントがあることは当然として、そこからより切実なお客様のニーズに合わせてズラしていくことはできないか、あるいは買い方というニーズの視点からはどうかを考えてみましょう。

たとえば、街中のパソコン教室は、パソコンの操作がカンタンになっていく過程で、撤退が相次ぎました。

いまでも残っているパソコン教室は、高度なエクセルなどを教える本格的なスクールと、高齢者に交流と憩いの場所を提供することをウリとした教室で、見事に二極分化しました。

しかも、高齢者向けの教室は、とくに習いに来ているわけではないので「卒業」というものがありません。

友だちと会うために、月謝を払い続けてくれるというわけです。

これが花屋さんなら、他店には置いていない南の島の変わった花に特化してみる、企業や政治家の祝い花として高級な胡蝶ランに絞り込んでみる、ここぞというときのギフト市場に振ってみる、いいえいっそ告白代行までやってみるなど、いろいろ考えられるのではないでしょうか。

横並びでも飛び抜けて売れる理由

本来のウリとズラしたウリは、従来の一般的な掃除機とダイソンくらいの差があると、わかりやすくて理想的です。

サイクロン式を開発した同社はすごいと言わざるをえませんが、さらにルンバは自動で部屋を掃除する、という新機軸のウリを生み出します。こちらもすごいですね。

すでに飽和状態であると思われていた掃除機市場にも、まだまだ知られざる鉱脈があったというわけです。 しかし、そうしたブレイクスルーのチャンスが、ごろごろ転がっていることに気づける幸運はなかなかありません。

それなら、差別化しづらい横並びの商品であっても、切り口の立て方によっては別のウリを持つ商品として演出し、ヒットに結びつけることができたらよいわけです。

たとえば、北海道のトマムリゾートは、スキー客でにぎわう冬場に対し、夏場の閑散期にどう集客するかに悩んでいました。

そこで、山の上から眺められる雲海に着目して、展望スポットを設置。これをウリにして「雲海テラス」とネーミングし、年間13万人を集客することに成功します。

じつは、雲海が眺められる観光地は、日本中にいくつもあります。 福井県大野市には、雲海にぽっかりと浮かんで見える古城があります。

各地を旅行している人にとっては、横並びと映りかねない観光資源ですが、トマムではこれを目玉にすると意思決定し、「雲海テラス」と雰囲気のよいネーミングをしたことでスイッチが入ったわけです。

ヨソにもある横並びの観光資源でも、「決意したもの勝ち」と言えるでしょう。

個人のウリで横並び商材を超える

知り合いの保険のトップセールスの人に聞いた話です。

保険のセールスパーソンは、実力次第で稼げるため、さまざまな業種からの転職があるそうです。

あるとき、予備校講師から転職してきた人がいました。元講師は、がんばって保険セールスをしていたのですが、なかなか契約が取れません。それでも、あるとき紹介を受けて、学資保険を売ることができました。学資保険の契約をするくらいですから、訪問したそのお客様の家には、受験を控えたお子さんがいたそうです。

そこで、元講師の本能が目を覚まします。相談をされたわけでもないのですが、お子さんが勉強をする気になる声がけの仕方や、効率的な受験勉強の方法、受験校の選び方などを話してあげたというのです。

すると、親御さんは非常に喜び、「とても参考になりました。私の友人にも受験生を抱えている家があるので、行ってあげてくれませんか」と紹介を受けます。

その家庭を訪問して受験に役立つ話をすると、こちらでもたいへん喜ばれ、「役に立つ話をありがとうございます。あ、そうだ。学資保険に入ればいいんですよね」と、なんだか交換条件のように契約をしてもらいます。

それから、また別の知り合いを紹介されて話をして喜ばれ、学資保険が売れる。そのうち生命保険も売れるようになっていき、気がついたときにはトップセールスになっていた、というのです。

本来は保険商品も、その保障内容で選ばれるべきです。

しかし、保険は商品そのものより人柄で売れる、とはよく言われること。

実際のところ、**保険商品は各社からいろいろな商品ネーミングで発売されていますが、その保障内容はだいたいどれも似たり寄ったりで掛け金も変わらない、まさに横並びの業界**なのです。

この元講師の場合、かなりズラしたところにウリがあったというわけです。

どう食べてもカニはおいしいのなら……

かつて、老舗の国内温泉旅館が、次々と閉館に追い込まれていったときがありました。

そんな状況のなか、北陸のある老舗旅館では「カニの食べ放題ツアー」を実施していましたが、思うように集客ができません。北陸のおいしいカニを好きなだけ食べられるのですから、とてもありがたいツアーのはずです。それでも、ツアーは埋まりません。

集客に困った多くの旅館が、同様のツアーを企画しており、まさに横並びの競争状態となっていたためです。

そこで、一計を案じた旅館のご主人は、ツアー名を「カニの食べ方教えますツアー」に変更する、と旅行代理店へ連絡。

すると、今度はあっという間に集客ができ、ツアーは満席になりました。

とはいえ、**ツアーの中身はほとんど変わっていません。カニ料理がどかっと出てきて、中居さんがカニの食べ方を教えてくれるのは、以前のツアーと同じ**なのです。

しかし、「カニの食べ方」へとツアー名を変えただけで、なんだかにわかに知的好奇心を刺激する企画へと価値を変えたというわけです。

業界の常識も先に言った者勝ち

本来のパイオニアとは、ウリを含む商品やサービスを、はじめて世に出した会社のはずです。ところが、きちんとそのウリをメッセージにして伝えないと、お客様がそこに気づかないままということも少なくありません。

そうなると、いわば最初に言った者勝ち。**いちばん最初にウリを言い出したところが、パイオニアの称号を手にすることができるのです。**

米国のあるビールメーカーは、国内のシェアでいうと5番手くらいの会社でした。

そこで、広告キャンペーンでテコ入れをしようとなり、広告会社のクリエイターらが呼ばれます。コピーライターがインタビューをおこない、いろいろと取材をしますが、これならイケるというウリになるポイントが見つかりません。

しかし、ウリのヒントは現場に落ちているとも言います。最後にコピーライターは「工場を見学させてください」と頼み、生産ラインを見て回ります。

すると、1日に3回も生産ラインを止め、設備機械を分解して洗浄し、また組み立てて生産するというこだわりに感動。

「ぜひ、このことをお客様に伝えるべきだ」と主張します。

業界では当たり前なのに誰も言わなかった

ところが、メーカー側は「これはビール工場であれば、どこでもやっていること。ウチだけのことではないので言えない」と却下します。

それでもコピーライターは「このことをお客様も知るべき」と譲らず、結局は彼の意見が通ってキャンペーンが打たれることに。広告で発信されたメッセージによって工場の清潔さに関する取り組みが伝わると、消費者らはこう思いました。

「ここまで清潔に気を配った工場でつくられるビールがウマくないはずがない」

同社のビールは売れはじめ、結果としてシェアを2位にまで急伸させたのです。

実際のところ、大手メーカーのビール工場では、どこも同様の洗浄や清潔への気配りを欠かさないでしょう。

しかし、**その「当たり前」の事実を伝えたのは同社だけ**でした。

それによって、味や喉越し以外の要素で選ばれるにいたったのです。

北九州市の水産加工業者に、じじやさんという有名な会社があります。

いまは全国的な干物の通販に成功している同社ですが、かつてはどうやって売上を立てていけばいいものか、頭を悩ませていた時期もあったそうです。

そこで、知り合いからマーケティングコンサルタントを紹介され、相談に乗ってもらうことになります。そのなかで、コンサルタント氏に「で、結局、じじやさんのいちばんのウリって何ですか？」と問われました。

じじやさんの社長は「いやー、ウリと言われても、創業から何十年も真面目にやってきたということしかないですねぇ」。

コンサルタント氏は「いやいや、そういうことじゃなくて。何十年も事業が続いているということは、お客様から選ばれているわけで、その選ばれている理由は何か？　ということですよ」と重ねて問います。

「うーん。選ばれる理由と言われても、地元のスーパーで1枚100円で売られている干物ですからね。ここが違う、とかはないと思うんですけれど……」

「いや、それでも何か違いがあるはずですよ、なんだと思います？」「いやー……」と押し問答のようになる。

やがて、根負けした社長が「しいて言えば……」と切り出します。

「しいて言えば、ショシルが違うのかな」

そこにコンサルタント氏が食いつき、「ショシルってなんです？　その話、もっと聞きたいですね。お客さんもきっと聞きたがると思いますよ」。

ショシルとは塩の汁と書いて塩汁《ショシル》。干物のつけダレ、つけ汁のようなものだそうです。

でも、社長は表情を変えずこう言います。

「塩汁っていっても、干物をやってるところならどこでもあるモノで、ウチだけのじゃないですから。とくにどうこう言えないですね」

「でも、塩汁は重要なんでしょ？」と、コンサルタント氏は食い下がります。

「そりゃ、塩汁で味が決まっちゃいますからね」と社長。

「だったら塩汁でしょっ！」ということで、以後じじやさんは「ウチは塩汁が違う、塩汁にこだわっているからウチの干物はうまい」という、いわば塩汁推しのメッセージを、ウェブサイトやパンフレットに記載するようになります。

この転機が、のちにじじやさんが全国的な干物の通販に成功する、大きなきっかけの一つになったと言われているのです。

「一度食べてもらえれば」を実現させる秘策

工場の生産ラインの洗浄をきちんとしていたビールメーカーの話。

ヨソの水産加工会社も当たり前のようにやっているけれど、メッセージにはしてこなかった材料の話。しかも、お客様が聞いたら「それはうまそうだ」という気持ちにさせる情報。

横並びだからと投げ出したりせずに、お客様に刺さるポイントを検証し、誰よりも早く打ち出すことができれば、それは勝機になりえるのですね。**こうした食品のキャッチコピーでは、商品のうまさの理由を書きづらいことが悩みになります。**

一度食べてもらえればおいしさがわかる、リピートしてもらえるはず。

ところが、その「一度」がなかなか起きないわけです。

なぜなら、お客様は買い物で失敗をしたくないから。そのために、あれこれ比較をしたり、実際に食べた人のクチコミを参考にしたり、レビューを読んだりします。脳みそを総動員して、これを買うべきか、おカネを払って失敗しないか、と真剣に考えるのです。

そのとき、**重要なのは「うまい！」よりも「うまそう……」と思わせる表現**なのです。

次項では、その方法について書いていきます。

パッケージを変えるだけで爆売れ！

一時期、日本の各地で6次産業化というムーブメントがありました。

6次産業化とは、野菜や果物、海産物の生産者・漁師が、自分たちで味付けや加工をして商品化したものを売ろうというビジネスです。

農業・漁業という一次産業と、加工生産の二次産業、そして販売する三次産業とを掛け合わせると1×2×3＝6（1＋2＋3でも6）というところから命名されたものです。

しかし、どの地方へ行っても異口同音に、その商品が「売れなくて困っています」というお悩みを聞きました。

そこで、実際に道の駅などに立ち寄って、その商品を手に取ってみると、なぜ売れないのかの問題点はあきらかでした。**それは、パッケージとネーミングです。売れない原因の9割がそれなのです。**

改善策も、この2つのポイントに集約することができます

パッケージが買う理由を伝える

パッケージは、生産者が手づくりで制作したものも、デザイナーに依頼して制作したものも、まず「何の商品かわからない」という問題点があります。

道の駅や百貨店のタナは超激戦区です。遠くからでも目立つパッケージや、思わず手に取ってしまうユニークなネーミングの商品がいくらでもあります。そのなかで、何の商品かわからないのではタナに埋もれてしまい、手に取ってもらうこともできません。

専用のPOPを設置してもらえない場合、パッケージとは商品であり、宣伝POPでもあります。目立つパッケージデザインにすることも大切です。

ただ、それ以上に**「この商品を買うべき理由」が、ネーミングやキャッチコピーで表現されていなければ、売れるはずがない**のです。

「買う理由」とは、もちろんウリのポイントです。それを伝える役割をパッケージが果たしていれば、店頭に置くだけで売れていくでしょう。

つまり、**中身が同じ商品でも、衣装（パッケージ）によって、まったくお客様の反応が変わる**のです。

適切なパッケージに適切なネーミング、キャッチコピーを印刷してあげるだけで売れ出す商品は、世の中に星の数ほどもあります。

赤いこんにゃくには歴史があった

いちばん惜しいと感じたのは、滋賀県近江八幡《おうみはちまん》の赤こんにゃくでした。

まさに、こんにゃくが赤いのです、レバーのように。ただ、売価はふつうのこんにゃくより高いので、観光客は首をひねるばかりで手を伸ばしません。

しかし、このこんにゃくが赤いのには由緒《ゆいしょ》があります。

戦国時代、織田信長があらゆるものを、派手に赤く染めることを命じたといいます。さすがにこんにゃくはムリですと直訴をしますが、信長は認めません。業者も首をはねられてはかなわないので、苦労を重ねてなんとか赤く染めることに成功しました。

いまでも地元では、お祝いごとのときなどに食べるそうです。**ところが、商品パッケージには、そんな物語は書かれていません。**

もし、織田信長の似顔絵イラストを入れて、裏面にはその成り立ちの物語をきちんと書いたパッケージがあれば、事情を知らない観光客にも買って帰る人が出るでしょう。

さらに、ＳＮＳに赤こんにゃくの写真をアップして、どんな味がしたかを投稿するかもしれません。そこから拡散していき、やがては「近江に来たら、必ず買って帰りたい名物」になっていくかもしれないのですから、非常にもったいないと思います。

ラムネのウリを伝えたパッケージ

パッケージとは、その商品の包材であり、広告やＰＯＰであり、情報です。

別の例として、昔なつかしいラムネの話をしましょう。

かつては、子どもたちに大人気を誇り、清涼飲料水のキングであったラムネも、昭和も半ばになるとだんだん売れなくなってきます。ついに昭和32年（１９５７年）を境に、市場から消えていきました。

昭和32年に何があったかというと、コカコーラ社が日本に本格進出し、工場をつくったのです。そうなると「ラムネなんてダサい、もう古い」となってしまいました。

それでも、全国には細々と、ラムネをつくり続けていたメーカーはありました。

最近では、簡易なペットボトルで製造するようにもなっていました。

あるとき、一ラムネメーカーの社長さんが、ふと考えました。

「いまでも少しは売れているラムネだけれど、お客様は何がよくて買ってくれているのだろうか」

そうですよね。清涼飲料水を選ぶ理由は、ふつうはおいしさや喉越しでしょう。そのニーズに応えようと、国内飲料メーカーは毎年、数え切れないほどの新製品を投入します。そして、そのほとんどが姿を消していくのです。


社長さんは、そこまで考えると、ラムネが選ばれる理由は味ではないだろう、と理解します。やがて、思い至ったのが「なつかしさ」でした。

お客様は、なつかしさでラムネを買ってくれているのだと。

それなら、便利にペットボトルなんかで製造している場合ではないと、昔ながらのビー玉をゴトンと落として開栓するボトルに戻し、ラベルも復刻版のデザインに変えました。

すると、お客様は「ああ、なつかしい！　これだよ、これ」と言って、少し高めの価格でも買ってくれるようになったというのです。

なかなかパッケージのチカラはあなどれませんね。ある意味、商品力そのものということもできるのです。

メイド・イン・フランスの化粧品

同じ飲料の事例ですが、フランス産のミネラルウォーターであるエビアンはご存じでしょう。フランス産といえども、飲料水として販売される限りは、ペットボトル1本で百数十円という売価がいいところです。

ところが、**これをスプレー缶のボトルに入れるだけで、「メイド・イン・フランスの化粧水」となり、その商品価格は1000円以上になって売れる**のです。

また、前章でご紹介したエスエス製薬のハイチオールCの転身は、ウリとなる効き目とターゲットが変わったことにより、当然パッケージも変更になりました。

パッケージとは、何よりウリやターゲットを特定する効果があります。この変更にも助けられ、同商品はヒットに結びついたのです。

衰退産業でも、まだ売れる、勝てる

いまは少子化が進み、小学生も減っています。そのため、小学生向けの商品も、市場規模は減少傾向です。ところが逆に、ランドセルの販売単価は上がっています。家に子どもの人数は少ないけれど、いいえ少ないからこそいいモノを買い与える、という方向に購買行動は変化しているのです。6ポケットと言われるように、祖父母が新入学のお祝いをするときに、ちょうどいい象徴的な商品だからでしょう。

このように、衰退産業、斜陽産業と言われるような分野でも、じつはしっかりと儲けているところはあるものです。

いまはさすがになくなったと思いますが、**かつてはワープロの中古機種を販売・修理したり、部品を販売する業者さんがいた**ものです。「絶対にワープロでなければダメ」

という作家の先生がいるなど、おカネに糸目をつけないユーザーが一定数いたからです。

畳屋さんも、疑いのない衰退産業です。

しかし、伊丹市のＴＴＮコーポレーションは、夜中にも畳の表替え・交換の作業をする体制を構築し、和風の飲食店などから受注を増やしています。そのため、衰退どころか爆発的に成長している最中です。

たとえ衰退産業であっても、お客様のニーズに正面から対応した話は、まるで「新たなビジネスをはじめました」と言われたように響きます。

衰退産業には残存者利益がある

新たなテクノロジーによる新製品が普及しても、旧機種のファンも一定数は残るものです。

スマホの時代になっても、レコード盤の愛好者は残っています。

そのため、レコード盤のプレス製作をする工場はありますし、レコードプレーヤー、レコード針を製造しているメーカーも健在です。レコード針で知られる山形のナガオカは、以前と変わらず生産を続けています。

また、フィルム式の8ミリ映写機の専門店が、東京の下町にあります。北海道などの遠方から気色満面で訪れる趣味の人たちがいるのはもちろん、なんと海外からもお客様がやってきます。お客様は一様に「やっと来られた、よかった」という表情を見せ、フィルムや部品を買っていくのです。

こうした**衰退分野でガマンを続けていると、「残存者利益」ともいうべき特権が発生します。**

もう、この商品をつくっている（売っている）のは国内に2社しかない、となると価格決定権は握れますし、お客様は「買えた」と喜んでくれます。

同業者が転業、廃業していくなか、耐え続けて残るのはたいへんですので、狙ってできることではありませんが。

昔ながらの御用聞き営業を続けて驚異の利益率

いまは、家電製品などはネットや量販店で買うのが当たり前になり、街の商店街にある電気屋さんでは、電池や蛍光灯くらいしか売れません。たまに電話が鳴っても、「エアコンの調子がわるいので見てもらえますか」というようなお願いだったりします。

ところが、商店街に店舗を持つある小規模家電チェーンでは、新品の家電が売れており、その利益率はなんと40%だというのです。

このお店では何をやっているのかといえば、独居の高齢者にターゲットを絞り、御用聞きのような密着営業を展開しています。

「トイレの電灯が切れちゃったみたい」と言われれば、各種電球を持参してすぐに交換し、「エアコンの効きがよくなくて」と連絡があれば、ガスを充填します。

そればかりか、「タンスを移動したいのだけれど重くて」と相談されれば、飛んでいってタンスを動かしてあげるのです。

日ごろから、まるで家族以上の密着営業をしているからこそ、「このテレビも寿命よね、いいサイズのを持ってきてくれる?」となって、新品の薄型テレビを定価で買ってもらえます。「エアコンが古くてもうダメね、新しいのに付け替えてくれる?」と言われて、新品を注文してもらえます。そうした営業があってこその、利益率40%なのですね。

まるで、サザエさんの世界ですが、それが現代に残っているから価値があるのでしょう。

ゼロ円のモノでさえ高売れするカラクリ

多くの人にとっては無価値だけれど、ある人にとっては輝いて見える。なんとも象徴的な言い方ですが、そうした商品は少なくありません。

私は熱帯魚を飼うのが趣味ですが、石や枯れ枝を店で買うことがあります。山中を流れる川べりに引っかかっているような枯れた流木や、同じく川原に落ちていそうな石です。そんなものに、安くないお金を払うのです。

これらを水槽内にレイアウトし、アクアリウムの装飾をするのですが、**枝の切れっ端が2000円以上しますし、石ころも手のひらサイズで500円くらい**します。

この流木は、東南アジアの国々で、子どもたちが山や川から拾ってくるバイトをして稼いでいると聞いたことがあります。

高いなと思うのですが、好みのカタチの流木に出合うと「欲しい！」と思ってしまうのが、趣味の特性ですね。

タヌキじゃなくても葉っぱをおカネにできる

ゼロ円のモノでも価値を生む有名な事例では、徳島県上勝町の「葉っぱビジネス」があります。

町の面積のじつに86％が山林。高齢者の割合が50％以上というこの地域で、年間数億円の売上を創出したのが、葉っぱビジネスなのです。

「タダの葉っぱが売れるわけがない。葉っぱをおカネにできるのはタヌキだけ」と、最初は相手にされなかったビジネスが、いまや２００軒の農家が山から葉っぱや花を採取し、全国の料亭へと出荷しているのです。

キレイな葉があしらわれた和食の一皿を見たとき、たしかに風雅さを料理に添えていると思いました。

葉っぱを集める高齢者のおばあちゃん方も、「この葉っぱを待っている人がいる」と生き甲斐になっています。

採取されなければ、葉っぱは枯れて土に返るだけの自然物。そのままなら、値段がつくはずはありません。

「これを、料亭に売ればおカネになるのでは」というアイデアがあってはじめて価値を持つのです。

愛犬家が飛びつく鹿の角とは?

山には、おカネが落ちているのでしょうか。

次の話も、山で見つかる「商品」の事例です。

山を歩くと、生え変わって抜けた鹿の角が落ちていることがあるそうです。

これも、そのままなら無価値なモノ。しかし、これを拾って犬のおもちゃとして販売している人がいます。

ネット通販しているのを見ますと、小ぶりなものでも1000円から2000円くらい、大きなものだと5000円ほどもします。

犬は硬いものを噛みたい欲求があるうえ、角の芯にある髄液の臭いが大好きなのだと

か。おもちゃとして長持ちするし、デンタルケアになるので、飼い主としてもコストパフォーマンスがいいようです。

このように、山や川に落ちているゴミ、いいえゼロ円のモノでも、お客様によっては高値で売れるのですから、ふつうの商品が高く売れないはずがないのです。

一つの商品に最低10個は切り口を見つけよう

新型コロナウイルス感染症の流行は、多くのビジネスにダメージを与えましたが、これを好機ととらえたビジネスマンも少なくなかったようです。

感染流行の端緒となった２０２０年３月の１か月間だけでも、「除菌・抗菌系の商品開発をしたいので、コンセプトづくりや販路開拓を指導してほしい」という相談が３件もありました。

自社の商品やノウハウを、どんな切り口でビジネスに結びつけるかを、つねに考えていたからこその動きでしょう。

ビジネスへのプラスとなった機会としては、アベノミクスがありました。

当時、出かけた地方都市で話を聞いた企業経営者のなかには、「アベノミクスの恩恵なんて何もない」と嘆く人もいました。

しかし、経営者とは、社会や政府の動向に注視して、それが自社にとっての収益に結びつくように手を打つことが仕事のはずです。

同じ商品でも言い方を変えればウリも変わる

市場の動向を生かすなら、コバンザメのように売れ筋商品にしがみつくのも一つの方法です。例として、スマホ用のスピーカー拡張器具や、スマホケースなどが、代表的なものとして思い浮かびます。

肩こり、首こりという言い方では、これまでと同じですが、**新たに「スマホっ首」というキーワードを出されると、とたんに「最近、そうかもしれない」と感じてしまう人もいる**でしょう。

これは、磁気による肩こり治療器のメーカーによる、うまい便乗商法の切り口です。

どんな商品も、複数のメリットがありますが、それぞれを立ててアピールすると、切り口は変わります。その切り口の数だけ、異なる商品として訴求することもできます。

別のウリで別の商品になる

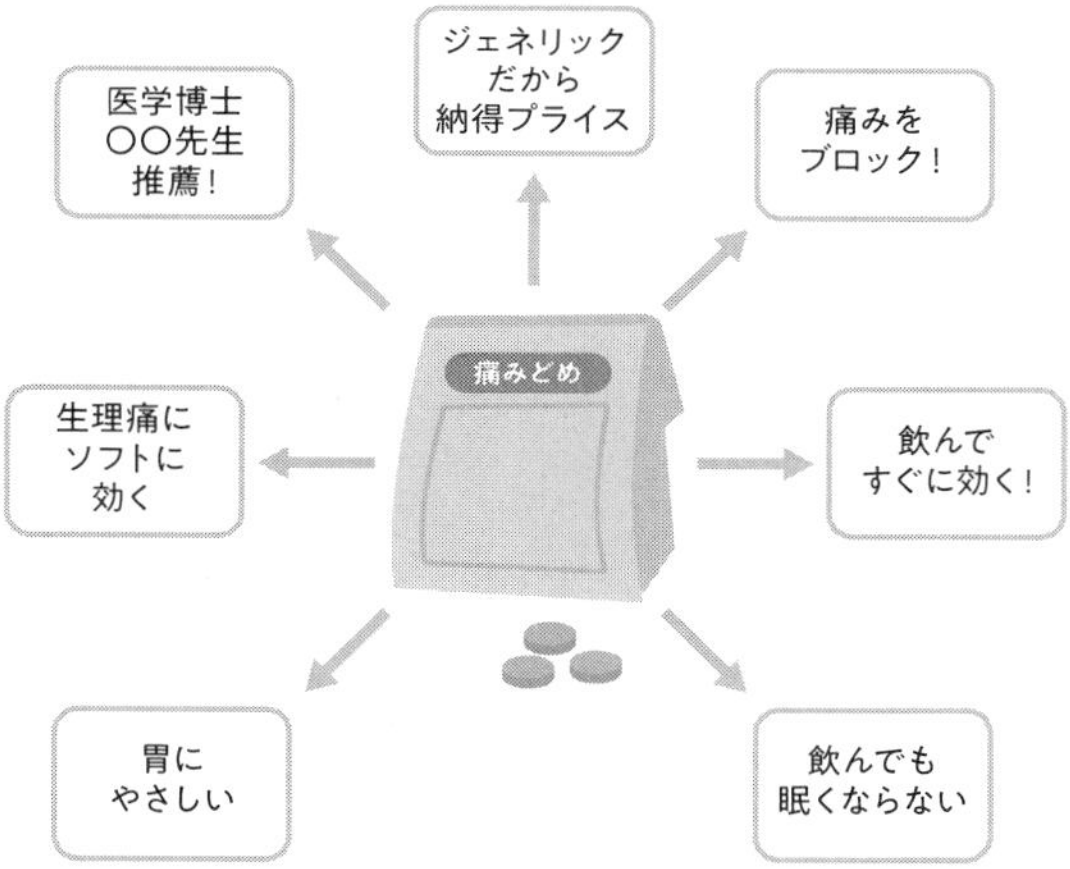

たとえば、鎮痛剤。

「痛みをブロック！」なら、その他の薬と変わりませんが、「飲んですぐに効く」と訴求すれば、即効性を求める人からはいちばんに選ばれる商品になります。

同様に、「飲んでも眠くならない」特長をキャッチコピーにすれば、その性能を求める人が手に取ります。「胃にやさしい」と言えば、胃のダメージを気にする人のための商品になるのです。

このように、同じ商品であっても競合とは異なるウリのポイントを強く打ち出せば、異なるメリットを持つ商品としてターゲットから選ばれるのです。

3
ワーク

自社や商品の隠れた「ウリ」を発見しよう

本章では「ウリをズラすことで、別の価値を持つ商品になる」「当たり前のなかにもウリがある」ことがおわかりいただけたと思います。

その当たり前のことを、シートに書き込んでいくとウリがあぶりだされてくる——そんな都合のいいことを狙ってつくったのが、ここでご紹介する「いつどこシート」です。

自身のビジネスにとって、当たり前のことを記入するのは苦痛であるもの。そこをガマンして、ぜひ活用してみてください。

ウリを見つける「いつどこシート」

「いつどこ」とは、5W1Hのようなことです。

まず、次ページの図を上段の左から見てください。

「あなたの商品・サービスをお客様はいつ使うのか」。朝なのか、冬なのか、食事のすぐあとなのか。

いつどこシート

	いつ使うのか	誰が使うのか	どこで使うのか	なぜ・何のために使うのか	どのように使うのか
あなたの商品・サービス					
その理由・メリットは何か					

さらに「誰が使うのか」。これは、発注者が使うとは限らないということもあります。

たとえば「購入決定者は総務部だけれど実際に使うのは営業部」のような場合、意識するべきは発注者の希望より営業部の声かもしれません。

そして「どこで使うのか」。屋内か、屋外か、冷蔵室の中なのか。

次は「なぜ・何のために使うのか」。自己使用ではなくプレゼントのためなのか。

最後は「どのように使うのか」。スマホと一緒に使うのか。

ここまでは、ふつうに考えて記入していってください。

いつどこシート　記入例

	いつ使うのか	誰が使うのか	どこで使うのか	なぜ・何のために使うのか	どのように使うのか
あなたの商品・サービス	・部品を生産する前に ・試作開発のときに ・短納期が必要なときに ・夜中に	・工場の購買担当者 ・設計開発の担当者 ・部品商社、メーカー	・加工納品後、顧客工場で	・サビ止めするため ・強度アップするため ・プリント基板に導電性を付与するため ・部品に磁性を付与するため ・風合いを出すため ・不良品率を下げるため	・定期的に ・価格の安いところを探して ・少量多品種で ・大量低価格で
その理由・メリットは何か	・顧客も短納期を求められているから ・試作中は試験的に試用したいから ・日中はプレス機を止められないから ミッドナイト・メッキプレス？	・メッキの知識がない人にも発注できる 提案営業を前面に出す？	・部品引き取りして加工の後、配送されて便利 仕掛かり品をお預かりできます！と訴求？	・製品の信頼性が上がる ・風合いがデザインとして価値を高めるから ・新興国では工員のレベルが均質ではないから まだ知られていないコストダウン効果？	・安定的に発注がある ・メッキは工程として重視されていない ・価格重視の顧客が多い 実はメッキが品質を支えている、と訴求？

上段が埋まったら、今度はそれぞれの下段に、「上段のようにする理由は何か、どんなメリットがあるのか」ということを書き込んでください。

ためしに、実際に記入をしてもらった「いつどこシート」の記入例をご覧ください。

上の図は、メッキ工場の社長さんに記入してもらった例です。

記入にあたっては、苦痛というより、半信半疑のようでした。

上段はふつうのことが書かれているのですが、2か所ほど理解のできないところがありました。

ミッドナイト・メッキプレス？

まずは「メッキを夜中にしてくれ」というお客様がいるということ。「なぜ夜中でなければならないのですか？」と社長に聞きました。

このお客様はプレス工場主であり、金型の摩耗防止のためにメッキをするそうです。しかし、日中はプレス工場が稼働しているので金型がなくては困る。だから、工場が終わった時刻に金型をピックアップし、夜中のあいだにメッキをして、翌朝、工場が稼働する前に届けてね、というご要望なのです。

このような対応をするのはたいへんなことだと思います。

しかし、そうした体制が組めるのであれば、いっそのこと「ミッドナイト・メッキプレス」などとネーミングして、ウチだけのウリとして大々的にアピールしていったらどうでしょうか。

実際に、畳の表替え・交換を24時間請け負うことで、衰退産業にもかかわらず爆発的に業績を伸ばしている会社の事例は、本章でも紹介しました。

コストダウンできる付加価値

もう一つ気になったのは、「不良品率を下げるためにメッキを使う」という点です。基礎知識として、メッキは、サビ止めや強度アップのため、あるいは導電性や磁性を与えたり、風合いを出すためにかけるものです。しかし、あまり付加価値の高い加工サービスとは受け止められておらず、キロ何十円のような取引が散見されます。

メッキをかけることで、不良品率を下げられたらよいのですが、そんなことはできるのでしょうか。

その顧客企業では、部材やネジをまとめて新興国の工場に送り、そこで組み立ててしてもらっているそうです。

ところが、新興国の工場スタッフたちは、スキルが決して均質ではないため、ネジを間違った穴に入れて締めつけ、途中であっと気づいたときにはもう遅く、その部材はオシャカになってしまうということがありました。

そこで、この顧客企業では、ネジにサビ止めのメッキをかけるのと同時に色をつけるのです。これにより、赤いネジは赤い穴に入れて締める、青いネジは青い穴に入れて締める、とわかりやすくマニュアル化できます。さすがにスタッフも間違えません。不良品率が格段に下がる、コストダウンできる、ということなのです。

それなら、まだこの手法に気づいていない工場向けに、ウチが提案するウリとして広めていけばいいのではないか。メッキの付加価値を高めるうえで、うってつけのウリだと思うのです。

このように、ふつうにシートに記入していき、変わった点、違和感に気づくことができれば、ウリのヒントが見つかるかもしれません。ぜひ、時間を取って記入してみてください。

本当に役に立つSWOT分析のやり方

一般的にビジネスパーソンが利用している「ウリを見つける」フレームワークに、SWOT分析があります。あなたも一度は耳にしたことがあるでしょう。

これも、理解してしまえば、カンタンに使えて役に立つフレームワークなのですが、いくつかの注意点があります。それを無視してしまうと、せっかく時間を使っても役立つ結果は得られませんので、注意が必要です。

では、ＳＷＯＴ分析の注意点とは何か。それは次の３点です。

①本当の強みは、カンタンには見つけられないと知る
②記入しっぱなしではなく、必ずクロス分析までやる
③弱み・脅威を避けるのではなく、強みにひっくり返す

①自社や商品のウリ、強みはカンタンには見つけられないということは、ここまでに書いてきました。自分はわかっていない、と虚心坦懐にゼロベースでつきとめていく姿勢を、ぜひ持っていただきたいと思います。

②ＳＷＯＴ分析のシートに強みや弱み、脅威を記入することはできるとしても、それだけで満足していては意味がありません。そこから戦略を導き出すクロス分析をするところまでやってこそ価値が出てきます。

③弱み・脅威は、じつは強みへと転換することができるものです。ピーター・ドラッカーも「脅威も機会とせよ」という言葉を残しています。つまり、脅威や弱みも、強みや機会へとひっくり返してこそ、勝機を拡大することができるのです。

SWOT分析

内部環境 / 外部環境	強み Strengths	弱み Weaknesses
機会 Opportunities	積極戦略	改善戦略
脅威 Threats	差別戦略	(防御・撤退)回避戦略

【記入の仕方】

・社内にある強み（Strengths）と、弱み（Weaknesses）を記入します。

・社外（市場全体など）の機会（Opportunities）と脅威（Threats）を記入します。

【クロス分析】

・社内の強みと市場の機会とを考え合わせ、積極的な戦略を取るとしたらどんなことが可能かを記入します。

・社内の弱みと市場の機会とを考え合わせ、弱みの部分を改善したり、逆に強みとして打ち出していく戦略を案出して記入します。

・社内の強みと市場の脅威とを考え合わせ、脅威を克服する強みの生かし方をして

SWOT分析　記入例

ユニクロ 外部環境 ＼ 内部環境	強み	弱み
	・高いブランド力、広告力 ・機能的・高品質な商品生産力 ・ヒートテックなどヒット素材 ・リピートするファン購入層 ・経営者の能力 ・全国／海外店舗 ・海外ブランドの M&A 推進	・国内市場が頭打ち ・デザインの優位性に欠ける ・「安い」イメージで値上げできない ・流行や天候の影響を受ける ・柳井社長の能力に依存 ・後継者、人材不足
機会 ・海外でブランド認知進む ・コラボ、提携先がある ・国内デフレ経済	・各国向けに特化した商品開発 ・海外進出の拡大 ・強い表現の CM 大量投下 **積極戦略**	・素材開発とプロモーション力で製品付加価値を向上 ・海外 FF ブランドと連合でショー開催 **改善戦略**
脅威 ・海外 FF ブランドの台頭 ・模倣メーカー ・ヒートテックなど素材模倣 ・海外政権による政治利用	・タイアップ商品の開発などオリジナリティ強化 **差別戦略**	・赤字店舗を活用した新業態テスト ・一部事業売却 ・海外 FF ブランドと連合でショー開催 **回避戦略**

差別化できないかを検討して記入します。

・社内の弱みと市場の脅威とを考え合わせ、撤退や回避、あるいは開き直って強みへと転換できないかを構想して記入します。

記入例として、上の「ユニクロのSWOT記入例」を参考にしてください。

次章では、弱みもウリに置き換えることができるという技法や事例について述べたいと思います。

第４章

強みを活かす？ 弱みも立派な武器になる！

のび太でも世界を救う日が来る

大手企業と比べて、人的資産やノウハウなど、体力で勝てない中小ビジネスは、ニッチな強みをウリにすればいい、と書いてきました。

しかし、なかには強みがないどころか、ウチには弱みしかないのです、という人もいるかもしれません。強みに対する自覚はなくても、ネガティブな面、つまり弱みについては思い当たりやすいという心理もあるからです。

それでも大丈夫です。**その弱みをカミングアウトしたり、ひっくり返して強みに変えたり、共感を呼ぶ物語に仕立てることで、独自のウリへと転化することができます。**

たしかに、地方の寒村で資源もなく、人口は減少していて高齢化という、八方塞《ふさ》がりの状況に喘《あえ》いでいる地域には安易な言葉はかけられません。

しかし、次のような例もあります。

北海道のある寒村は、山から木材を切り出すことのみが仕事、つまりメシの種だそうです。そして、人口減少と流出、高齢化はご多分にもれません。

ところが、村の唯一の「資源」である木材の切り出し量は変わらないので、人口が減る分、村人一人あたりの収入は増えていくというのです。

経営の神様には強みが一つもなかった

あの松下幸之助さんは貧しい家に生まれ、そのうえ病弱、学校へも通うことができませんでした。日本が貧しかった時代とはいえ、我が身をなげいてもバチは当たらない境遇です。

ところが、ご本人は「不幸だったからこそよかったのです」と語ります。

「貧乏だったからおカネの大切さが身にしみた、病弱だったから他人様《ひと》の力を借りようと思った、無学だったから人から学ぼうとできた」

この人にかかれば、どんな不幸な境遇も「それがよかった」とおっしゃるに違いありません。どんな不運も、不自由な環境も、反対側から見ればプラスに転化できるから大丈夫、と微笑みかけてくれることでしょう。

もともと日本人は、判官びいきの国民性があります。

あの藤子・F・不二雄さんの「ドラえもん」が、なぜ日本で生まれたのか。ダメだけれど心のやさしいのび太に、多くの人が共感するのはなぜなのか。

「ドラえもん」が国民的アニメとなって愛され続けているのは、力はないけれど、がんばっている弱者へのやさしい眼差しを、誰もが心中に持っているからでしょう。

欧米に比べれば、寄付などへの意欲は控えめだと思います。

それでも、近年はがんばっている人を応援したり、困っている人を現実的に支援したりする習慣が根づいてきました。

ツイッターに、プリンが積み上げられた写真とともに「1ケタ間違えて発注してしまいました、助けて!」という投稿があれば、どこからともなく善意が集まってきて完売してしまうのがこの国なのです。

廃棄寸前の球根を救ったアイデア

「球根ガチャ」の話はご存じでしょうか。

あるとき、球根販売会社の倉庫に積み重ねられていたケースが倒壊し、咲く花の色別に分けられていた球根50万球が、ごちゃごちゃに混ざってしまったのです。

球根は、花の色を指定して購入されるので、何色の花が咲くかわからない球根は売り物になりません。大事な商品が、一転してゴミの山になってしまったわけです。

なんとか売り物にする方法はないかと考えたスタッフは、ガチャのアイデアを思いつきます。「ガチャ」とは、硬貨を投入してハンドルをガチャガチャと回すと、プラスチックケースに入った玩具が出てくる自販機のことです。

何が出るのかは、プラスチックケースを開けてみるまではわかりません。買いたいものを指定できないからこそ、楽しみながら何度も買ってしまう仕掛けです。

この販売形式を応用しようと考え、「何色の花が咲くかはお楽しみ！」として売り出したのです。価格を下げたこともあり、ＳＮＳでも話題となって、早々に完売しました。

傷ついたリンゴを縁起商品に変える

青森県を強烈な台風が襲って、せっかく育てたリンゴが落ちてしまい、落ちなかったリンゴも枝とこすれて、キズがついてしまったという年がありました。リンゴ農家さんは「もう今年はダメだ」と、あきらめざるをえませんでした。

ところが、**ある農家さんは、落ちずに残った数少ないリンゴを集めてキレイな赤い箱に収め、あの台風でも「落ちなかった」リンゴだとして、受験生向けに販売した**のです。

すると、「落ちないリンゴ」は縁起がいいと、受験生の祖父母が喜んで買ったのです。縁起物ですから、価格は少し高くても文句はありません。その年の被害額をカバーできるほどの売上ではなかったと思いますが、それでもシャレの効いた商品として絶賛されました。

このように不運や失敗があっても、それをあるときは正直に伝える、あるときはひねって工夫をすることで、ウリへと転化することもできるのです。

似た商材として、割れたおセンベイが、ワケあり品やお買得品のタナに格安価格で置かれていたりします。**「製造工程の途中で割れてしまったので商品になりませんが、味は変わらずおいしいので、よかったらどうぞ」**ということです。

同じような商品には、魚の粕漬けやステーキの切り落とし、カステラやロールケーキの端、あるいは曲がって流通に乗らないキュウリやナスなどもあります。

商品価値がないモノを、おカネをもらって売ることができ、サンプルも配布できるのですから上手な販売アイデアです。

狭いから予約が取れないお店!?

自社のウリを考えるとき、強みを探し、弱みを避けるのではなく、むしろ弱みを強みに転化することが大切であると、3章最後のワークのところで書きました。

「弱み」や「脅威」を、そのままマイナス面として条件づけるのではなく、そのウィークポイントを喜んでくれるターゲット層はいないか、逆に強みだと思い込んだらどんなアピールができるかと考えてみるのです。

あなたがレストランを経営していて、店が駅から遠いことが弱点なら**「雑踏を離れた隠れ家的レストラン」**と打ち出すことができますし、回転率が低い状態なら**「ゆったりくつろげるお店」**となります。

また、狭くて席数が少ないなら**「予約の取りづらいお店」**のように変換して訴えるのです。

店舗がない業態なら**「ネットで24時間対応！」**ですし、倉庫は地方の空き家を格安で借りているなら**「コストダウン分を還元！」**と言えます。

サービスを提供する業態なら、全国の人をネットワークして派遣するスタイルにして、**「あなたの近くに拠点がある」**と訴求して距離を超えることもできます。

どんな弱みも、プラスに転化するつもりで向き合ってみてください。

ハッピーは待ち時間からはじまっている

ディズニーランドのような世界的なブランドでも、考え方は同じです。

近年、東京ディズニーランドは、入場者数で大阪のＵＳＪと競い合っていますが、入場料を値上げしても人気は相変わらずです。アトラクションを楽しもうと思えば、長い時間をかけて行列に並ばなければなりません。

入場料金が数年ごとに上げられるのは、むしろ待ち時間が長くなりすぎないようにするための狙いもあります。料金で入場者数を調整しているわけです。

それでもディズニーファンにとって、待ち時間は短いほうがいいでしょう。そこで、ディズニーランドでは、待ち時間そのものもエンターテインメントとして楽しんでもらう企画を積極的に導入。アトラクションは待ち時間からはじまっているのです。

暖まらないヒーターをどう売るか

私が自宅の洗面所に置いて使っているのはオイルヒーターです。

空気を汚さず、じわじわと暖めてくれるので、いわゆる真冬のヒートショックを予防するのにうってつけだと思います。

しかし、ふつうのヒーターに求められる機能とは「すぐに暖まる」ということ。

その点オイルヒーターは、なかなか暖まりませんから選択肢に入りません。イタリアから輸入している代理店でも、どのようにウリを設定するべきか悩んでいたそうです。

あれこれ試した末に、たどりついたウリの表現が次の通り。


寝室に置いておくと、ひと晩中ホテルに泊まっているような快適さ

少しずつしか暖まらないという弱点を、換気の心配がいらないヒーターというウリに転化して、わかりやすく伝えることに成功しています。

温風を吹きつけて室内を暖めるタイプではない特長が理解され、いまは寝室の暖房としてはもちろん、病院や介護施設の空調などにも大人気だそうです。

弱みを認めて開き直る方法

基本的に、弱みはムリに対策を講じるよりも放置が有効です。

英語はできるけれど数学が苦手という受験生が、数学を克服することに時間を割きすぎると英語の点数が落ちてしまい、トータルで偏差値が下がるということが起きます。

ビジネスも同じで、苦手克服を試みるより長所を伸ばしたほうが、結局は選ばれる理由を目立たせることにつながったりします。

では、弱みを放置したり、逆に開き直ってアピールしたりすることで成功したケースはあるのでしょうか。

私の実家は、浅草で酒類・食料品を居酒屋や寿司店などに卸す会社をやっており、一人前にプライベートブランド商品があります。「九右衛門」という麦焼酎なのですが、アルコール度数が高いことや、ドライな味わいで人気があるようです。味わいが違う理由の一つに、長年寝かせた原酒を使用していることがあります。

しかし、想定以上に生産量が増えたことから、「原酒がなくなりそうだ」という情報が蔵元からもたらされます。すると、それを知った居酒屋の店主たちはどうしたかというと、それまで以上に多くの注文をしようとしたのです。

商品の生命線である「こだわりの原酒」がなくなるかもしれないというのは、中小零細企業ゆえの脆弱《ぜいじゃく》な生産計画の穴です。それを無自覚に顧客へ伝えてしまうのも問題です。

ところがこれらのエラーは、はからずも同商品の希少価値を高める情報そのものだったのです。 そういえば、かつてわざと出荷量を抑えて「マボロシ感」を出そうとした焼酎の蔵元が批判されて炎上する、ということもありましたね。

「まずい」さえもウリになる

計画的に開き直った事例としては、アメリカのエイビスレンタカーの「ナンバー2キャンペーン」が有名です。そのころ、レンタカーのシェアで、トップのハーツ社に大きく水をあけられた万年2位のエイビスが、キャンペーンを計画したときのことです。コピーライターが提案したのが「ナンバー2キャンペーン」でした。

しかし、同社内では「なぜ、そんな屈辱的な広告を打たなければならないのか」と大反対が起こったそうです。

それらを押し切ってキャンペーンは進められ、ユーザーは広告メッセージを目にします。それは、おおよそ次のようなものでした。

私たちはナンバー2のレンタカー会社にすぎません。でも、だからこそがんばっています。どうぞ、エイビスを利用してください。だって、空いていますから！

この開き直りがいさぎよいとしてユーザーが激増、1か月で売上は1・5倍になり、1位との格差をぐんと詰めた伝説のキャンペーンです。

似た事例としては、**口内洗浄剤のリステリンが、「1日2回、イヤな味を」というキャッチコピーで成功**しています。

良薬は口に苦し、ということわざがありますが、これを想起させますね。

日本でも、「あ〜、まずい。もう一杯」で知られる青汁のテレビCMがあります。

「まずいけれど、体にいい」と思うと、まずさよりも効き目に意識がいきます。

ちなみに、このフレーズは、撮影現場で出た俳優のアドリブだというから驚きです。

「使いやすさ」より「おいしさ」を売る

以前、私もマーケティングを担当していた、ハインツというケチャップの老舗メーカーがアメリカにあります。

ハインツのケチャップは粘度が高いのが特徴で、日本でのテレビCMは、ホットドッグにかけたケチャップが、ジェットコースターに乗っても垂れないという訴求内容でオンエアされていたほど。

そのため、**ボトルからなかなか出てこない不便さもある**わけです。

ここに目をつけた競合メーカーが、サラサラのケチャップを投入し、ハインツのシェアを奪うという事態が、かつてアメリカで起きました。

マーケティング戦術を練り直したハインツは、次のようなキャッチコピーでキャンペーンを打ちます。

ハインツのケチャップはおいしさが濃いから、ビンからなかなか出てこない

これを見た消費者は、「なるほど、本物の素材をたくさん使っているから濃くておいしいのか」とあらためて納得し、ハインツブランドに戻ってきてくれたのです。

ケチャップの濃さを訴求する日本のテレビＣＭも、ここにルーツがあったわけです。

しかし、お客様が欲しいのは「濃いケチャップ」ではなく、「おいしさが濃いケチャップ」であることに気づき、それを訴求したことは、あらためて自社商品のウリに気がついた瞬間だったといえるでしょう。

ファンも建て替えに反対する記念的スタジアム

アメリカのメジャーリーグの球団が使用する球場で最古の歴史を誇るのは、ボストン・レッドソックスの本拠地であるフェンウェイ・パークです。

同球場は設備が老朽化し、狭く、選手と観客の両方から苦情が出ている状態です。収容人数が少なく、観戦の邪魔になる柱があり、外野フェンスも意味不明の形をしています。

ときおり、記者団などから「建て替えをしないのですか」と問われることがあるオー

弱みをウリに変える8つのスイッチ

価格が高い
→高品質イメージを伝えやすい、価格にこだわらない質の高い顧客を集められる
店が狭い・立地が悪い
→時間をかけた丁寧、親身な接客。賃料安く、競合の心配がない
古い・旧式
→人が安心する定番、伝統的・レトロな味わい
知名度が低い・生産量が少ない
→知る人ぞ知る幻の商品、稀少価値のある商品
経験不足
→若く、フットワーク軽い（偉そうな先生に依頼したくない人もいる）、安価
複雑・手間がかかる
→玄人・本格派好み、マニアに人気。ひと手間が愛情
日持ちがしない
→鮮度にこだわり。保存料・防腐剤は不使用
たった１人の会社
→私が責任を持って、逃げ隠れせず対応します。

ナーは、**「パリにエッフェル塔があるように、ボストンにはフェンウェイ・パークがあるのだ」**と意に介しません。

同球場の観戦チケット代は、全30球団中トップの高さです。それにもかかわらず、毎試合完売なのです。

やがて、現状が面白くなってしまったファンたちは、新球場の計画が出ると大反対するようになってしまいました。こうなっては、しばらくは放置するしかないでしょう。

ほかにも、弱みをウリに変える方法として「弱みをウリに変える8つのスイッチ」をご紹介します。上の図を参照してください。

ウリはこうして言葉に置き換える

食品などでは、家電や工業製品に比べると、ウリを表現するキーワードがイメージ重視になってしまいがちです。

しかし「とてもおいしい」と書いても、抽象的で伝わりません。

金属加工には、切削《せっさく》や研磨《けんま》精度の基準となる公差の数値基準が、業界や工程ごとにあります。

ですので、工作機械の型番を列挙したり、平滑さの数値が何ミクロンなのかを書けば、ユーザー企業の担当者は取引をするべきかどうかを判断することができます。

食品でも、おいしさを具体的、または客観的に伝えて、「それはおいしいかも……」と思わせることができれば、お客様は動いてくれるのです。

そのためには、具体的な高級食材名、産地名、レシピ監修者名、食感、調理法などを前面に出すことなどが考えられます。何が違うのか、なぜおいしいのかをキーワードで伝えることができればよいのです。

あるいは、おいしさを客観的に見てもらえるように数値化した伝え方ができないかということも検討してみてください。

「おいしさ」の価値を数値化する

例としては、甘さの数値（糖度を計るフルーツの宣伝もありますよね）、お肉のグレード（A5ランクなど）、健康食品なら、「糖質・脂肪分ゼロ」や、有効成分の量目が使えます（食物繊維100mg、レモン3個分のビタミンCのように）。

また、「60日間常温保存可能」、「賞味期限3年だから保存食料に最適」などがウリとなるケースもあるでしょう。

「常温で保存可能」や「冷凍しても食感そのまま」などは流通上のメリットとして喜ばれる場合もあり、バイヤーに向けての売り込みにも活用できます。

その他、これまでの販売数やリピート率（「5分に1個売れています」「なんとリピート率

85％」という表現もよく見ます）など。

イメージ的な訴求をされることが多い食品だからこそ、数学的なアプローチが目立ち、説得力を持つといえます。

効く言葉と効かない言葉

ただし、数値ならなんでも効き目があるわけではなく、「有機農法でつくり続けて20年」はいいのですが、お客様にとって重要ではないことに「こだわって30年」などですと、あまり効果はありませんのでご注意ください。

あるいは、聞き慣れない食品素材の名称をあえて使うやり方もあります。「オルニチン」や「コエンザイム」『スクラロース」、最近なら「難消化性デキストリン」などです。「よくわからないけれど体にいいのかも」と、目を留めてくれることにつながります。

また食品加工技術なら、どこかに分かれ目となるキーワードや数値水準はないかを考えてみてください。

弱くても勝てる検索キーワードを探す

あなたの商品ニーズの典型的なキーワードで見込み客が検索したとき、自社のサイトが上位表示されれば集客はラクになります。

しかし、あなたのビジネスが大きめの市場を対象とするものであれば、お客様が検索するキーワードもビッグワードになるかもしれません。

ビッグワードで上位表示を実現するのはむずかしいので、まずはニーズの大きさをうまく絞り込んで、検索ワードもスモールにする必要があります。

検索回数の少ないスモールワードや、２語の組み合わせならチャレンジする価値があるのです。

つまり、**自社のウリを検索してもらったときに、検索結果の上位に表示されるキーワー**

ドを占有することを考えるのです。
小さくても、一つのお山の大将になろうということです。

勝てる検索ワードは掛け算で見つける

私の場合も、「製造業のマーケティングコンサルタント」という絞り込んだウリで、小さな山に旗を立てようとしています。

製造業×マーケティングコンサルタント

この2語で検索される山の頂上を目指そうとする事業者・コンサルタントは、多くありません。なぜなら中小製造業は、「マーケティングコンサルタントに依頼してまで販路開拓をする必要はない」と考えるところがほとんどで、市場ボリュームが小さいからです。

これが、歯科医や美容室、飲食店のように、差別化がむずかしく、かつ利幅が取れる業種になりますと、コンサルタントを頼み、経費がかかっても、売上がアップすれば経費を取り戻してあまりあると考えます。

ものづくり企業は、こうした分野とは異なるため、私の競合は船井総研さんくらいです。市場が小さく、競合も少ないのでちょうど均衡するわけです。

また、**検索は2語くらいを入力することが多いものです。1語で上位表示されることはハードルが高くても、2語ならなんとかなる**かもしれません。

最近は別の競合も何社か出てきていますので、「製造業　マーケティングコンサルタント」というニッチワードで検索すると、弓削徹が何番目に表示されるか、みなさんも試してみてください。

小さな山の頂上を目指す

これが、カメラマンの方だったらどうでしょうか。撮影を仕事としている人はたくさんいますから、もう少し絞り込んだほうが見つけてもらいやすくなるでしょう。

仮にセミナー動画の撮影専門に絞り込むと、山が小さくなり、勝てる見込みが出てきます。いわば、次のような2語の掛け算です。

カメラマン×セミナー動画

このほかにも「プロフィール写真専門」「アマチュアスポーツ写真専門」「サーフィン写真専門」など、2語目に狙えるキーワードはたくさん見つかりそうです。

実際には、これらの分野専門で昔から仕事をしているカメラマンは多いと思うのですが、はっきりと表明していないことがほとんどです。歌舞伎の写真ばかりを撮っている人を知っていますが、「歌舞伎写真専門」などのキーワードは打ち出していません。

専門性を表明するこれらのキーワードも、先に言ったもの勝ち、SEO対策をしたもの勝ちと言ってよいでしょう。

大将になれる山を逆算する

続いて私が検討した小さな山が「展示会活用」です。

しかし、こちらは、専業のブース設営業者が持っているウェブサイトには、SEOではかないません。それでも第一人者として、セミナー講師にお呼びいただけるのは、展示会活用の拙著（『顧客は展示会で見つけなさい』日刊工業新聞社）が定番になっているからです。

そこで、次に設定した小さな山が、「グッドデザイン賞」というキーワードです。

これは、グッドデザイン賞の受賞支援コンサルティングをしますよ、というもので、当初は独占的キーワードでした。

「グッドデザイン賞　コンサルティング」という2語で検索すると、結果の上位は本家グッドデザイン賞のサイトか、弓削の当該ページとブログしか出てきませんでした。

ところが、2021年から1社、競合が現れましたね。

私自身は財力のない個人事業主ですので、この検索結果ページで目立ち続けるためには、コンテンツマーケティングを実践していく選択肢しかありません。つまり、グッドデザイン賞に関連する役立つ情報発信をがんばって続けていくのみです。

このように、**検索結果で上位表示される強さを発揮できるほどにウリを絞り込む、という逆算をしていく考え方も大切**です。つまり、小さくてもいいので、自社が存在感を示すことのできるサイズの山を選ぶのです。

そして、これと決めた山のキーワード群に照準を合わせ、自社サイトのブログやコンテンツをつくり込んでいくのです。オーガニック検索（自然検索とも。普通に検索した結果）で上位表示されれば、販路開拓するうえで強みとなることは間違いありません。

「小さな山」と言いましたが、レッドオーシャンとならないことをイメージするなら、山というより湾や湖、いいえ池かもしれませんね。

ネットを使ってウリを検証しよう

導き出したウリには、どれくらいの市場ボリュームがあるのか、ニーズはあるのか。これは、ぜひとも検証したいことです。ネット上には、さまざまな無料サービスがありますので、これらを利用し、ある程度は確認することができます。

まず、月間検索回数。これは、そのウリ＝メリットを求める人が、どれほどいるかがわかります。「Aramakijake.jp」というユニークな名称のサイトでは、あるキーワードが1か月間に何回検索されているかを調べることができます。

ユーザーの検索ボリュームを確認する

このサービスをどのように使うか、事例をあげて説明します。

たとえば、ある基礎化粧品メーカーは「アンチエイジング」というキーワードを使ってキャッチコピーを書いているけれど、今後はどうしたらよいかを悩んでいました。そこで、このアンチエイジングというキーワードがどれくらいの検索ボリュームがあるかを調べてみました。

当時は2万回／月程度であり、それほど多くはありませんでした。けれどもスキンケア関連のキーワードはいろいろありますので、一つひとつ調べていきます。「肌荒れ」を調べると8万回ほどで、アンチエイジングの4倍になります。さらにしつこく調べていくと、「保湿」というキーワードが20万回超（当時）で、いちばん多いとわかりました。

つまり、「保湿」は一見すると地味だけれども、スキンケアを意識した人が最初に思い浮かべて検索してみるキーワードなのだということです。

これらのキーワードのなかから、ちょうどよいサイズのキーワードを選定し、ウェブサイトのキャッチコピーや本文に使うなどの対策を取るのです。そうすれば、そのキーワードで検索されたときに上位表示を狙うことができるでしょう。

ちなみに、これらの関連キーワードをもれなく収集するのに便利なサイトに、ラッコキーワード（https://related-keywords.com/）があります。

自社サイトのアクセス解析もヒントになる

また、自社サイトが置かれているレンタルサーバーで、訪問キーワードを確認することも有効です。

訪問キーワードとは、サイトの訪問者が検索し、たどり着いた元のキーワードのことです。そのキーワードリストに、あなたが設定したウリのキーワードが含まれているかを確認するのです。

見込み客と相思相愛であれば、ウリのキーワードが大きなボリュームで、リストの上位に入っていることが確認できるでしょう。

その他でも、ウリをタイトルやキャッチコピーに入れた商品を、ヤフオクに出品して反応を見たり、メルマガを配信しているのであれば、件名にウリを書き込んで、開封率がどれくらいになるのかを見るという方法もあります。

また、クラウドファンディングに挑戦し、どれくらいの支持や関心が集まるかを確認するのもいいでしょう。

ウリは「デ・キ・物」で打ち出そう

ウリを打ち出すための場所として、３つの要素を紹介したいと思います。

これらの要素をうまく活用することができれば、たとえ中小零細企業であっても、大手企業やナショナルチェーンに勝つことができる……、いいえ、この３つの要素を生かさなければ勝つことはできないというくらい大切な要素です。

次ページに用意した図をご覧ください。

まず「デ」は、デザインのデです。プロダクトデザイン、パッケージデザイン、ウェブサイトのデザイン、チラシやカタログ、名刺、ロゴのデザインなど、**見たまま秒速で伝わるスピーディなツール**と言えます。

では、デザインで売れる、とはどういうことでしょうか。

ウリを打ち出す「デ・キ・物」

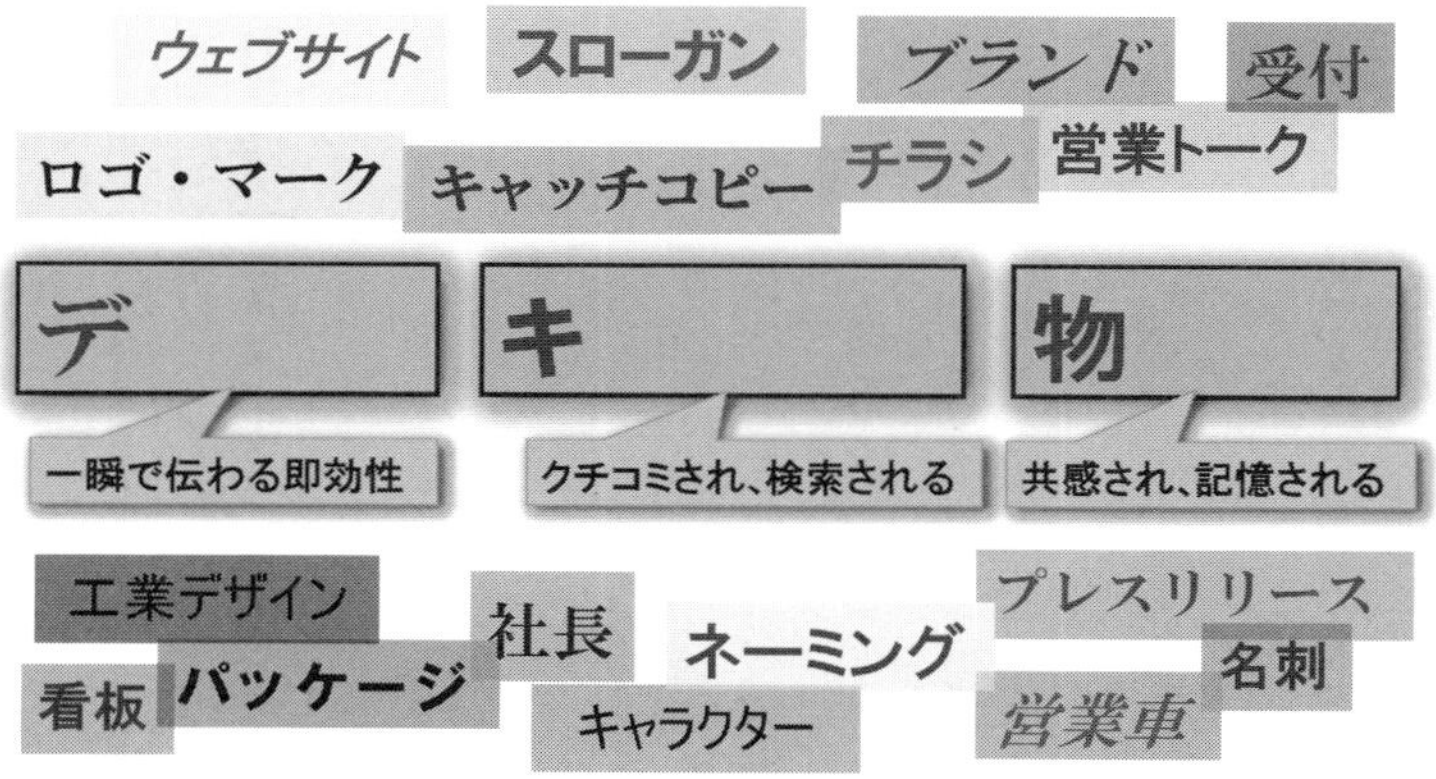
ウェブサイト
スローガン
ブランド
受付
ロゴ・マーク
キャッチコピー
チラシ
営業トーク
デ
キ
物
一瞬で伝わる即効性
クチコミされ、検索される
共感され、記憶される
工業デザイン
社長
ネーミング
プレスリリース
名刺
看板
パッケージ
キャラクター
営業車

中小企業が、グッドデザイン賞を受賞したことで認知度が上がり、販路開拓に役立ったり、社員のモチベーションが上がったりすることはありますね。

わかりやすく、事例をご紹介します。老舗の建材メーカーで、ソーラーＬＥＤ街路灯などもつくっている菊川工業という支援先企業があります。

最初にご相談をいただいたときは、社内でデザインしたソーラーＬＥＤ街路灯が、思うように売れないというお悩みでした。デザインを見ると、太陽光発電のパネルや風車、ＬＥＤライトなどが順番通りに据えつけられ、機能性はよくわかるものの、魅力あるデザインとは言えない無骨なシルエットでした。

そこで、**工業デザイナーを起用して商品開発をしよう、ということでつくられた新製品は、曲線を生かした印象的なデザイン**になりました。

この新製品を、環境系の展示会に出展することになり、ブースの真ん中にどんと据えました。すると、６メートルの高さもあって、来場者の誰もが足を止める威容に。

それが、なんと日本経済新聞の取材班の目に留まり、取材をしてもらいました。

さらに驚くことには、翌日の日本経済新聞の一面に紹介記事が掲載されたのです。

プロダクトデザインが集客の看板になる

デザインの力は強いと思っていたら、展示会の接触効果もあり、次々に引き合いが入るようになりました。

ところが、この新製品はいろいろと力が入っていたこともあり、かなり高価な製品に仕上がっていました。そのため、最終的な商談にはなかなか至りません。

しかし、そのころには同じ工業デザイナーに依頼していた廉価版の新製品が完成し、結局はそちらで成約する案件が続出しました。目立つ工業デザインが、お客様と商談を引き寄せる「看板」の役割を果たしてくれたのです。

次は、もう少し柔らかい事例をご紹介します。ある食品のパッケージデザインを、知人のデザイナーがリニューアルしたときのことです。

発注元は、名物のマグロで知られる神奈川県三浦市にある海産物加工会社。商品は、中華風のちまきスタイルなのですが、やはりウリは「新鮮なマグロをぜいたくに使っているところ」です。

デザイナーは、どうやってマグロを押し出すか思案をしました。

そして、出てきたアイデアが、ちまきの三角形をマグロの頭部に見立てて黒く塗り、サイドにも黒ぐろと目玉を入れるというデザイン。

これが、売場にごろごろと置かれているところへお客様が通りかかると、マグロと目が合うのです。このパッケージを破いて食べると、なんだかマグロ感が強いような気がしてくるから不思議です。

新パッケージが、地元店舗や通販サイトに並びはじめてほどなくすると、高速道路サービスエリアの売店を運営する複数企業から、**「パッケージが面白いので取り扱いたい」**

というオファーが来ました。

まさに、デザインが販路の可能性を広げてくれた瞬間でした。

デザインの価値は国境も超える

パッケージデザインのおかげで、販路が世界へ広がったという例もあります。

考えや企画をまとめるための手法として、マインドマップというツールがあります。これを、パソコン上で記入できるようにしたソフトウェアが「iMindMap」です。

当初、この商品パッケージは、いかにもパソコンソフトというようなテイストでした。

このデザインを変えようということで、女性デザイナーが起用され、カラフルな布が広がっていくようなグラフィックデザインの、女性らしいパッケージが完成しました。

すると、女性雑誌から「女性タレントが、このソフトを使って考えをまとめるという特集ページを組みたい」というオファーがやってきたのです。

そのおかげで、ほぼ男性ビジネスマンだけだったこの商品のユーザーに、女性の客層が大きく加わりました。

さらに、話はここで終わりません。

このソフトウェア会社は、米国に本社があるのですが、日本法人のリニューアルを高く評価した米国の担当者が、「日本のパッケージデザインはとてもいい。ついては世界で販売するパッケージデザインを、これに統一したい」と言ってきたのです。

まさに、デザイン品質が商品を世界へと羽ばたかせた瞬間でした。

プロダクトデザインやパッケージデザインを、ふだんは社内スタッフでチャチャっとすませてしまうところを、少しだけ時間と経費をかけ、外注してみてはいかがでしょうか。いまはクラウドソーシングを活用すれば、それほどコストはかかりません。

たとえば、いま印鑑（ハンコ）はデジタル化の流れのなかで、微妙な立場になりつつありますが、本来の機能だけではなく、デザインの要素を加えたらどうなるでしょう。

ある印鑑の店舗は、苗字の漢字に猫のかわいいシルエットを足しただけで、2か月待ちの大ヒットになっています。

ただし、デザインがきっかけで注目されるのはいいのですが、「特長がデザインだけ」という製品では、長く売れ続けることはむずかしいこともあります。

工場から出てしまう基板を何かに利用できないかと、基板をカットしてストラップにした例がありましたが、注目されるのは最初だけです。たとえば、金属を加工してオリジナル商品を開発しようというときに、次のようなケースはどうでしょうか。

・ステンレスの丸パイプをレーザー切削する技術を使って、燭台をつくってみた
・細く切削する技術があるので、金属製のピック（楊枝）をつくってみた
・スマホが人気なので、スマホケースをつくってみた

こうした「なんとなくつくってみたデザイン」が、支持されるでしょうか。見た人は「あら、かわいい（でも、いらない）」となるだけでしょう。しかし、同じ金属製品でも、次のようなものであったらどうでしょうか。

・アルミの熱伝導性を生かし、アイスクリームが溶けやすくなるスプーン
・足に装着して、その場で座るように体重を預けられる補助装具
・固いバターを細く削ってふわふわにして、パンに塗れるおろし金

これらには、確実に役に立つ機能性があります。同じデザインに凝るにしても、デザインだけでなく、生活の不便を解決するウリがあってこそなのです。

かつてなくキーワードが重みを持つ時代

2番目の「キ」は、キーワードのキです。キャッチコピーやネーミング、ブランド名称はもちろん、企業スローガン、社名、ウェブショップ名、肩書など、言葉で表されるものであればなんでも。

いまどきの購買行動というものは、とりあえず検索をかけて調べ、レビューを読み、価格も比較して、注文までします。

そのとき、検索ボックスに入力されるのが、まさにキーワードです。

ネット上に限らず、リアルな社会で口コミが起きるときも、イメージをそのままテレパシーで伝えることはできないので、「○○、買ったことある?」「○○食べたけど、うまいよ!」と言葉で表現します。この「○○」が、自社の商品名であればうれしいわけです。

このように、**いまはかつてなくキーワードが重みを持っている時代である**ということができます。

本書も、ウリを見つけ出してキーワードにし、キャッチコピーや企業スローガン、あるいはネーミングにつくり込んで、お客様に伝えていきましょうというのが趣旨です。

物語で記憶されて検索される

最後の「物」は物語の物です。

私たちは、両親に絵本や童話の読み聞かせをせがんでいた子どものころから、物語が大好きです。

よくテレビドラマの視聴率がいいとか、わるいとかが話題になりますが、人気の女優、俳優が出演しているからといって、視聴率がいいとは限りません。

むしろ、ストーリー展開の面白いドラマの視聴率が高くなり、そこに出ていた女優、俳優が人気になっていく、という順番ではないでしょうか。

物語は、記憶法でも活用されます。関係のないアイテムを記憶するとき、それぞれを結びつけて、一つの物語にすると容易に記憶できるという手法です。

ですので、企業が物語をうまく発信することができれば、記憶してもらえて、検索してもらえて、注文し、リピートし、ファンになってもらえて、友人に口コミをして宣伝までしてもらえることも夢ではないのです。

ウリがつくられていく過程には、必ずきっかけや誕生のストーリーがあるものです。そうした背景を共有することは、お客様との濃いコミュニケーションにつながります。その物語も、華々しい成功譚《たん》である必要はまったくありません。いいえ、**むしろ失敗の物語がいい**のです。人は、苦労した話に共感します。そして、失敗や苦労が長く続くほど感情移入し、最後にはなんとか成功にたどり着いたことに感動します。

企業が物語を発信する目的は、自慢ではなく、共感してもらい、ファンになってもらうことなのです。

「さん」をつけて呼ばれ、尊敬される会社

事例として、私の大好きな企業の物語をご紹介します。

福岡県で尊敬を集めている味の明太子ふくやさんは、太平洋戦争が終わって命からがら日本へ引き揚げてきた創業者が、「与えられたようなこの命、残りの人生は地域貢献、社会貢献に使おう」と決心してつくった会社です。

サラリーマンの身分では寄付もできないと考え、最初は食品販売の店をはじめたのです。そのとき、朝鮮半島で覚えた味を日本風にアレンジし、「明太子」を日本ではじめてつくったとされています。

事業で成功してからは、地元の福祉施設・介護施設に、個人では考えられない金額の寄付を毎年のようにする。また、学費が足りなくて高校に通えない生徒がいるという話を聞くと、本人にはもちろん、その家族にも伝えずに、学校へお金を持っていく。

さらに、近隣の食品会社から「その明太子っていうの、ウチもやってみたいんだけど」と言われれば、惜しげもなくすべてのレシピを教え、くわえて「同じじゃつまらないか

ら、あんたんとこはこんなアレンジをしてみたら？」というアドバイスまでする。それでいて、本人は食品工場の2階の狭い畳の部屋に寝起きをする……そんな生涯を送った人なのです。

この地域貢献、社会貢献の姿勢には一点の曇りもありません。

私はこの話を聞いたとき、辛いものが苦手なくせに「ふくやさんの明太子を、一度は食べてみたい」と強く思いました。実際に、福岡に呼んでいただく機会があったときに、ふくやさんのお店に行き、明太子を買いました。

持ち帰って家で食べると、なんだか深い味がするなと思いました。

ふくやさんは、福岡では知らない者のいない有名な会社です。

「福岡には〝さん〟をつけて呼ぶべき会社が3つある」と称されるうちの一社であり、尊敬されている会社です。青汁のキューサイや、やずやなど、九州にユニークな食品、健康食品の通販会社が多いのは、すべてふくやさんにルーツがあると言われています。

ふくやさんは、この創業の物語を上手に伝えています。企業サイトや、商品パッケージに内添《うちぞえ》するしおりで紹介したり、新聞記事に取り上げられたりしています。地元テレビ局ではテレビドラマ化され、結局は劇場映画にまでなりました。

日本人は、こうした物語が大好きなのですね。

熱海の「悲しい恋の物語」を売る

事例をもう一つ。私が熱海《あたみ》商工会議所にお呼びいただき、キャッチコピーのセミナーをしたときの話です。

お土産などをつくっている食品メーカーの方に、「観光客向けのチョコレートを開発したけれど、どうやって売っていったらよいでしょうか？」というご相談を受けました。

どんなチョコレートなのですかと訊くと、「ビターな（苦い）味とスムーズな口溶けが特長です」と言います。

聞けば「このチョコレートは、33度では溶けず、34度になると溶ける設計になっています。その溶け方が非常になめらかでスムーズなのです」とのこと。

私は「それならネーミングは［34℃］にしてはいかがですか？」と思いつきを話しました。「すでにネーミングは決まっています。［渚の煉瓦《れんが》］です」と言います。

なぜ口に入れるものに、煉瓦という名前を？　とは思いましたが、なんでも熱海の海岸に近い、歴史ある公園の敷石をイメージしてつくったというのです。

しかし、熱海に来た観光客の人は、温泉まんじゅうや干物は買いますが、チョコレートを買って帰る理由がありません。とくにチョコレート好き、という人は決まった好みのブランドを通販で買えば安く手に入り、持ち帰る手間もないのです。

とはいえ、熱海といえば、名作『金色夜叉《こんじきやしゃ》』の貫一・お宮で知られる土地柄。その連想から、たとえば「許されない悲しい恋に泣く二人がいて、それでも愛を語らいながら歩き、踏みしめたあの公園の敷石をイメージしてつくった、苦い涙の味のチョコレートなのです」という物語を設定したらどうでしょうか。

観光客の人たちは、**「チョコレート」を買うのではなく、「悲しい恋の物語」を買ってくれる**のではないか、と考えたわけです。

企業の物語に創作は許されませんが、開発した商品に背景を構築することは問題ありません。**あなたの商品も、物語を語ることで記憶され、選ばれるのです。**

さて、ウェブで、商談で、カタログで、ウリを理解してもらいやすく、印象に残しやすいのはどんな方法なのか。これらデザイン、キーワード、物語の三要素を、ぜひ上手に活用していただきたいと思います。

頭文字を取って「デ・キ・物」と憶《おぼ》えて活用してください。間違えて「ニ・キ・ビ」と憶えてしまいますと、何も浮かびませんのでどうかご注意を。

ワーク 4

物語のつくり方・語り方

企業の物語があることは、プレスリリースの採用やファンづくりに強い効果があります。人は、人の物語に興味があるからです。

これを読んでいるあなたは「ウチには語れるような物語なんてない」とお考えかもしれません。

しかし、これはウリの発見と同じで、なかの人間にとっては当たり前のことでも、外部の人が聞くと感心するような話はよくあるものです。歴史のある会社なら、過去にさかのぼっていけば、何か「へえっ！」と驚かれるようなストーリーがあるのではないでしょうか。

日本人は、弱いものや小さいものが逆転勝ちしたり、苦境からV字回復するような物語が大好きです。

あるいは、過去に人に話して驚かれたことや、顧客に引き合わせてもらうときに「じ

物語のつくり方

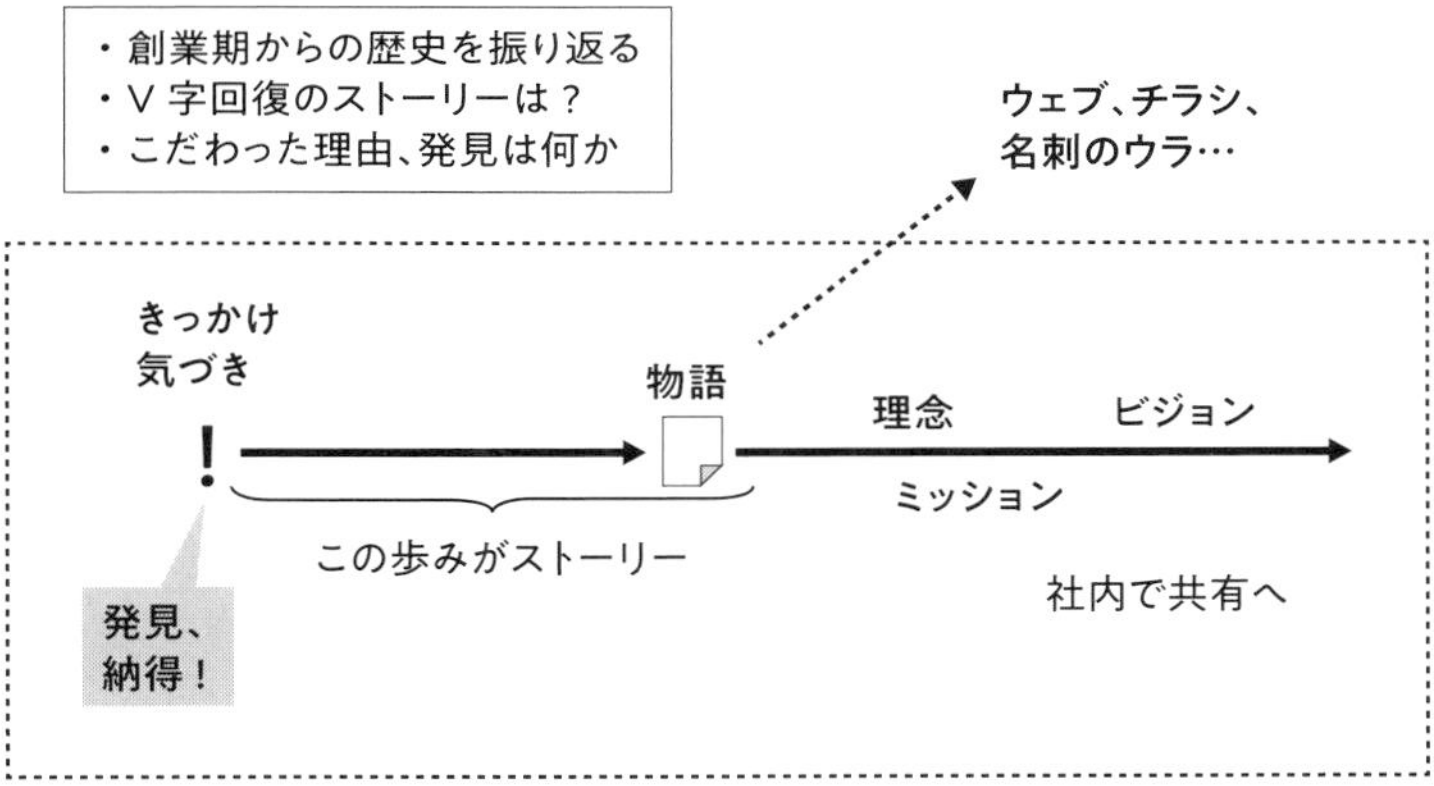
・創業期からの歴史を振り返る
・V字回復のストーリーは？
・こだわった理由、発見は何か
ウェブ、チラシ、
名刺のウラ…
きっかけ
気づき
物語
理念
ビジョン
ミッション
この歩みがストーリー
社内で共有へ
発見、
納得！

つはこんなことがあった会社ですよ」という紹介キャッチコピーがついたりしていたら、それは物語の元になるはずです。

そういう話のタネもないとしても、あきらめないでください。

「会社として何かこだわっていることはありますか？」と問われれば、「それはありますよ」と答える会社は少なくないでしょう。たとえば、材料や工程にこだわっている、変わった人材採用をしているなど、なんでもいいのです。

しかし、何かにこだわっているだけでは物語にはなりません。

ただ、なぜそこにこだわるように

なったのか、最初のきっかけ、発見、気づきはなんだったのか、というところにまでさかのぼると、その話は物語になります。

発見の経緯、こだわった理由、それを大切にするために苦労したエピソード……。そのストーリーを、物語調を意識して書き出してみてください。

そして、その物語を企業サイトはもちろん、チラシのウラ、いいえ名刺のウラのような小さなスペースでもいいのでせっせと伝えていきましょう。これが、会社の物語のつくり方、語り方なのです。

第5章

ウリを拡散するには「このやり方」でいく

ウリを「コンセプト文」に書き表す

ウリが定まったら、それをキャッチコピーに書きます。

その**キャッチコピーの元になるのは、ウリを一文に書き表したコンセプト**です。

きちんとコミュニケーションできるように明文化することで、キャッチコピー案は書きやすくなります。

そして、社内やスタッフ間でも商品の価値を共有しやすくなります。

コンセプトとは、「キャッチコピー」ではありませんし、「テーマ」とも異なります。

コンセプト文は、次のような骨格から書いてみるとカンタンです。

こんなとき、こんな人の、こんな不便・課題を、こう解決する、〇〇〇。

いわゆる5W1Hのようなものです。

しかし、これらのすべてを埋める必要はありません。

本書の第1章で書いた、モノを運ぶ系企業のウリを思い出してください。フェデックスは「翌日配達」がウリでした。これは短いですが、そのままコンセプトワードになっています。

また、ドミノ・ピザのウリは、「ご注文をいただいたら、30分以内にアツアツのピザが届きます。遅れたらお代はいただきません！」でしたが、これを簡潔にすると次のようになります。

30分以内にピザがアツアツで届かなければ無料

そして、アスクルは、「今日、注文するとオフィス用品が明日届く」となりますね。

いずれも、コツは短く具体的に書くこと。

これは商品企画や新規事業などの企画書を書くときのコンセプト文にも使えます。企画意図がすっきりとまとまって伝わるので、コンパクトで明快な企画書になるでしょうし、そのまま企画書のタイトルにしてしまってもよいのです。

コンセプト文の3条件を満たす

コンセプト文で表現されるべき3条件を書き出すと、次のようになります。

①ウリ、メリットを表現している
②絞り込み、差別化ができている
③説明、特定している

どんなウリがあり、結果としてどんなメリットが得られるのか。これは最重要ポイントです。

そして、誰のためのものであるかを絞り込むことで、お客様は自分ごとと気づいてくれます。他社とは異なるものであることを伝える差別化も、選んでもらううえで大切です。

さらに、ぼんやりとよさそうなものではなく、はっきりと説明して特定できていること。

第2章のワークに戻って、あれこれ考えると、どんどん具体的に、そして客観的に書けるようになることに気がつくことと思います。

コンセプトについてはいろいろな意見がありますし、絶対の正解もありません。とにかく書いてみることが大事です。

まずは「その商品の説明文」でもいいのです。そこへ、お客様が知りたいことを具体的に追加していけば、完成度が高まっていくでしょう。

評論文にならないよう注意しよう

注意してほしいのは「評論家」になってはいけないこと。

小学2年生の子どもがお父さんに「ねぇ、命って何なの？」と質問したとします。それに対して「命はね、とても大切なものなんだよ」と答える。

間違ったことは言っていませんが、これは子どもが求めている答えではないはずです。子どもが求めているのは用語説明や定義ですが、お父さんの答えは評論です。

たとえば、お菓子の情報サイトのコンセプトとして、「誰もがスイーツを好きになるサイト」と書いたとします。

これでは、どんな情報が書かれているのか判然としません。ただ、サイトに対する一面的な評論をしているだけなのです。

コンセプト文の作例としては「世界中のスイーツとレシピを紹介する情報ポータル」と書けば、イメージが浮かびやすくなるでしょう。

ここで、有名な商品のコンセプト例を見てみましょう。

「吸引力が変わらない、ただ一つの掃除機。ダイソン」

この一文はキャッチコピーとしても使用されているためか、きちんとメリットが書かれています。しかし、その根拠である「どのように実現するのか」が書かれていません。

そのため、次のように表現したほうがコンセプト文らしくなります。

新発明サイクロン式で、最後まで強力パワーの掃除機

「サードプレイス」をウリとしているスターバックスコーヒーはどうでしょうか。サードプレイスだけでは伝わりづらいため、もう少し説明が必要です。

「職場と自宅のほかに特別な空間を提供するシアトルカフェ」

ただし、このようにきっちりと説明すると、外部へ発信するメッセージフレーズには適していません。

ただ「サードプレイス」とだけ掲げて、「サードプレイスってなんですか？」とコミュニケーションのきっかけにするほうが、スターバックスらしいかもしれません。

キャッチコピーは「誰に」「何を」「どう言うか」

ウリのポイントを、キーワードやコンセプト文に置き換えることができたら、あとはそれをキャッチコピーに書くだけ。

ウリが伝わる1行、つまり10秒ほどの文章で表現するのです。それくらい短くなければ人は記憶してくれません。記憶してくれなければ口コミも起きません。

ここで、**商品を売りたいあなたが考えることは、「誰に」「何を」「どう言うか」だけ**です。

「誰に」とは、対象となるお客様層です。

お客様を名指しして書くこともありますし、ワードにはしないときでも、お客様が誰かを具体的に把握したうえで、キャッチコピーを考えます。

「何を」は、まさに本書がこだわっているウリの要素です。

メリットやおいしさ、独自の強みを書いてください。

この**「誰に」「何を」は連動するもので、不可分である**と前に書きました。このターゲットだからウリはこれ、あるいはウリがこれだからターゲットはこれ、というようになるからです。

そして、「どう言うか」とは、表現の仕方。どんな強いキーワードを使って、記憶や印象に残る書き方をするか。どんな面白い表現をするか、ということです。

メリット探しの旅に出よう

キャッチコピーに書くウリは、商品の成熟度やお客様のニーズに応じて変わります。書き手であるあなたのスキルによっても変化します。それは、まさに周遊旅行のような感じです。

はじめてキャッチコピーを書く段階では、機能や特長、あるいは性能や仕様を書くところからスタートするものです。しかし、それではウリが伝わらないので、メリットや便利さ、不便を解消する事実を言いましょう、と説明してきました。

ところが、まだニーズが顕在化していない市場の場合、まずニーズや課題を掘り起こすところから着手しなければなりません。たとえば、「こんなことで困っていませんか?」「○○の問題、じつは△△で解決できます」のように書くのです。

あるいは、誰向けの商品なのか、ターゲットを絞り込んで伝えるほうがよい反応を得られると判断できるなら、対象とするお客様を明示するようにします。「○○分野専門」とか、「○○な人から選ばれています」のように。

そして、ニーズが顕在化して競合が出てきたなら、今度はライバルとの違いを述べます。「○○なのはウチだけ!」「業界最高水準を実現」のような表現ですね。

さらに、その商品市場が成熟してきますと、表面的なメリットだけではなく、ややイメージ的な訴求も効果を持つようになります。

たとえば、食器洗い機のような商品の場合、「洗い残しゼロ」や「4人分の食器も1回でOK」のような機能的メリットで勝負する時期がすぎると、使用シーンなどのビジュアルとともに、次のようなメッセージが価値を持つようになります。

食後すぐに家族で団らんできるシアワセ……

単純な便利さを超えて、ユーザーも気づいていない付加価値や、真の価値を提案する段階に来たと言えるでしょう。

似た例としては、「○○機器のメンテナンスフリー化で若手人材も定着」のような表現もあります。これは、人のいやがる現場作業をなくしたことで社員が辞めなくなりますよ、という訴求です。

「3K」と呼ばれるような現場では、作業によっては人が機械に巻き込まれてケガをしたりする危険性もあります。

ある機能の搭載が苦痛を解消し、人材定着につながるということは、一種の連想ゲームですので、気づかないユーザーのために、あらかじめ回答を書いておいたほうが引き合いにつながります。

あるいは、高価格帯商品などの場合、まずはきっかけをつくるためのフロント商材を、アピールするというやり方もあるでしょう。

次ページの図や、本章末にある書き方のガイドも、参考にして書いてみてください。

こう考えると、キャッチコピーは一つに決まるものではないと思えてきますね。

まさにその通りで、**キャッチコピーはいくつも書き、よりよいものを探して選抜して**

メッセージ探しの旅

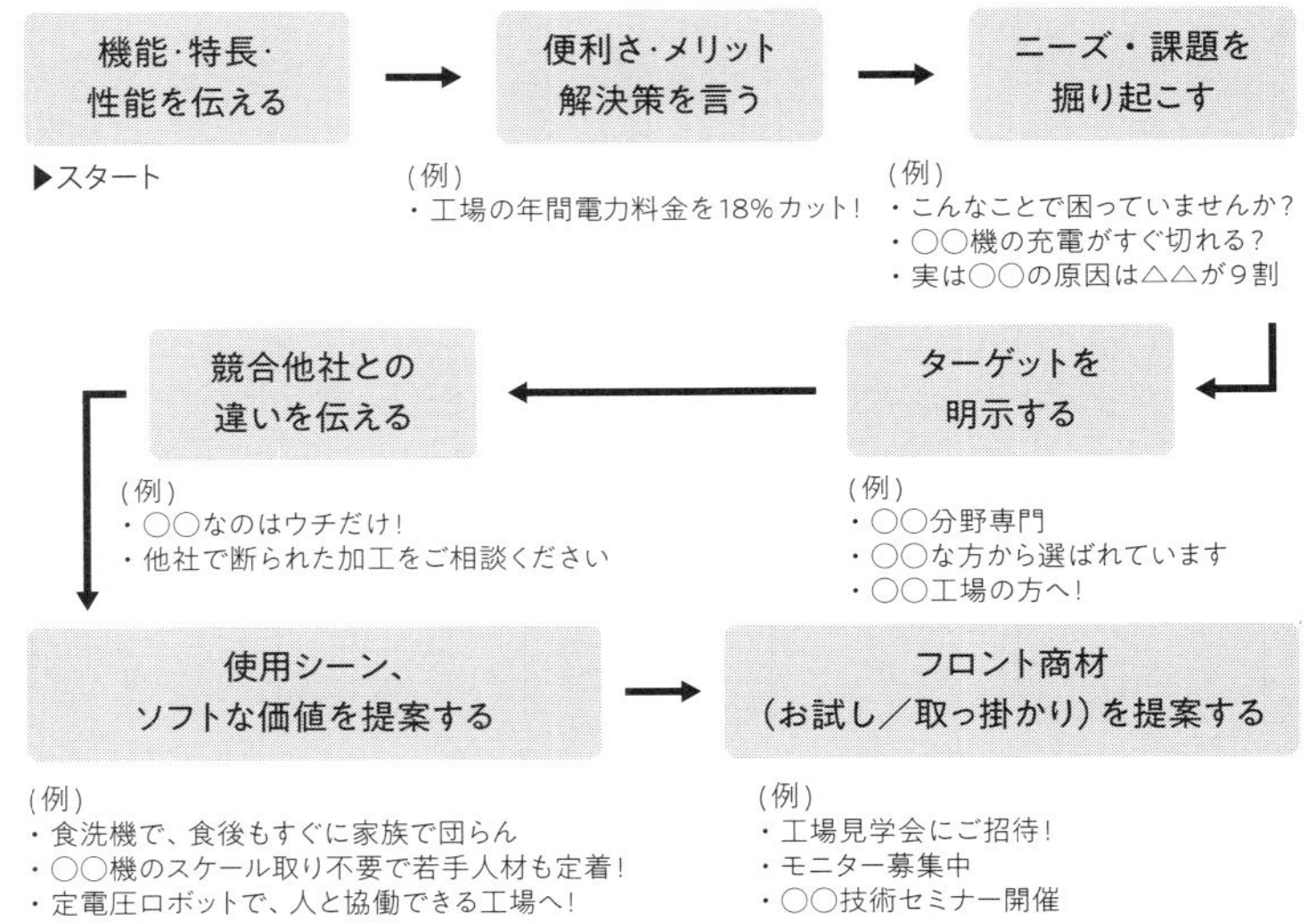
機能・特長・性能を伝える
▶スタート
便利さ・メリット 解決策を言う
(例)
・工場の年間電力料金を18%カット!
ニーズ・課題を掘り起こす
(例)
・こんなことで困っていませんか?
・○○機の充電がすぐ切れる?
・実は○○の原因は△△が9割
ターゲットを明示する
(例)
・○○分野専門
・○○な方から選ばれています
・○○工場の方へ!
競合他社との違いを伝える
(例)
・○○なのはウチだけ!
・他社で断られた加工をご相談ください
使用シーン、ソフトな価値を提案する
(例)
・食洗機で、食後もすぐに家族で団らん
・○○機のスケール取り不要で若手人材も定着!
・定電圧ロボットで、人と協働できる工場へ!
フロント商材(お試し/取っ掛かり)を提案する
(例)
・工場見学会にご招待!
・モニター募集中
・○○技術セミナー開催

いけばいいのです。

そのとき便利なのが、印刷物に比べて修正、変更が容易なインターネットです。

ＡＢテストやスプリットテストと呼ばれたりしますが、比較したい2本のキャッチコピーをランダムに表示させて、どちらがより多く資料請求や注文に結びついたかデータを取るのです。

この勝ち抜き戦を何回かおこなったのちに、「いまはこれがいちばん」という決定版キャッチコピーを、コストのかかる印刷物などに使用していけばいいのです。

会社のウリでお客様に見つけてもらう

会社やお店自身のウリを書いて、社名や店名のそばに置くと、それは企業スローガンというものになります。会社やお店のいちばんのウリを伝えるキャッチコピーです。

しかし、大手企業の企業スローガンを見ますと、英語で書かれたもの、ダジャレになっているもの、リズム感のいい言葉遊びになっているものなど、イメージ訴求がほとんどです。これは、有名企業だからこそのブランディングという位置づけです。

ところが、中小企業でも、有名企業と同じテイストのメッセージを使用している企業が少なくありません。

私は、そんな企業スローガンでソンをしている企業を見ると、頼まれてもいないのに企業スローガンを提案することがあります。

しかし、会社からのウケがよくないことが多々あります。なぜなら、私が書く企業スローガンは身もフタもないからです。

みんなカッコよく書きたがる

ある部品メーカーの企業スローガンを提案したときのことです。

それまで使用していた企業スローガンは「未来へ——。○○テクノロジー」というようなテイストでした。これでは、抽象的で差別化にならないので変えましょうと言って、提案したのが次のような企業スローガンでした。

「現場からいちばんに選ばれる○○メーカー」

ちなみに同社は、そのカテゴリーでは国内シェアトップです。社長や担当者の方は「なるほど」と受け取ってはくれたものの、結局は使用されませんでした。

直接的すぎるとか、「いちばん」なんて図々しくて言えない、などの意見が社内で出たのではないかと想像しています。

また、ある金属加工の町工場に、企業スローガンを提案したときのこと。

創業社長の苗字は今《こん》さんであり、社名にもついています。

そこで、私が提案したのは、**「〇〇材の難加工はどこに頼むか？　今でしょ！」**というスローガンでした。これも、笑われただけで採用に至りませんでした。

言葉のパワーだけをテコにして、話題をつくれるいいチャンスだと思うのですが、とても心残りです。

どうすればズバリのお客様と出会えるか？

私も、若いころは夢のある（？）企業スローガンを提案していたのです。

企業スローガンでは、カッコいいメッセージを書くと喜ばれました。中小企業も、イメージのよいメッセージを掲げたいのですね。

ですが、お客様とコミュニケーションする時間は、ムダにはできません。

あなたの商品・サービスが本当によいものなら、急いで多くの人の手に届けなければなりません。

たとえば町内の工務店が、大手企業のように「街にやさしい住まいをつくりたい」という企業スローガンを提示していたとします。イメージはいいのですが、それで我が家の建て替えを依頼する動機づけになるでしょうか。

それよりも、リモートワークの増加で変わる暮らし方に対応して、「仕事に集中できる小さな書斎を提案しています」とか「アイランド型キッチンで料理をもっと楽しく」などと、具体的な内容に絞り込んだほうが、ズバリのお客様との出会いにつながるのではないでしょうか。

ぜひ、あなたのビジネスのウリを表現した企業スローガンをつくり、名刺や看板に入れてください。あなたが提案する価値に共感したお客様は、必ず気づいてくれますから。

個人ビジネスもメソッドを堂々と書く

こうした拡散の効用は、個人ビジネスの肩書でも同じです。

コンサルタントやアドバイザー、士業の人が名刺に入れる肩書やキャッチコピーは、依頼されるかどうか、記憶してもらえるかどうかの境目です。

「プロデューサー」では怪しまれてしまうかもしれない、「コーディネーター」ではふつうすぎるのではないか、などと悩む人も多いでしょう。

そのためか、凝りすぎてしまい、何の専門家かわからないキャッチコピーや、カタカナ語が3つも4つも続く、長い肩書になっているケースにも遭遇します。

いちばん多いのが、抽象的すぎるキャッチコピーです。

たとえば「輝く女性を応援する」や「女性を生き生き輝かせる」のような一文。しかし、「なんとなくよさそうだから頼んでみよう」という人はなかなかいないでしょう。

あなたがお客様側の立場に立ってみればわかると思いますが、**具体的に書かれているメソッドに興味を持ったから連絡をくれたり、ヨソとは違うことが明確だから依頼してみよう、となる**わけです。そのフレーズがわかりやすく、インパクトが強ければ記憶してもらうことができ、仕事の紹介にもつながります。

また、パーティや交流会などの場でも「この人は、○○の専門家なんですよ」と紹介してもらえれば、印象にも残りやすいでしょう。

つまり、**自身のノウハウの中核の部分や、他社とは異なる部分を言葉にすることが必要**なのです。その部分とは何かを突き止める方法については、ここまで書いてきましたので、それをぜひ生かして肩書やキャッチコピーを書いてください。

そのメッセージ次第で、あなたの起業が成功するか否かの分岐点になるかもしれないのですから。

ウリの旗印で優秀な人材を集める

私が駆け出しだった20代のころは、企業のミッションや理念の言葉を聞いても「はいはい」と受け流し、「社長室に掛けておいて、社外の人には見せなくていい」というような考えでした。

ところが、デジタル技術とユニークな商品開発で知られるC社の仕事をしたことで、この考え方が540度（1回転半！）変わります。同社の企業理念は「創造　貢献」という、さほど変わったものではありませんでした。

企業理念はダテじゃなかった

このC社からは、デジカメやウオッチなどの広告やカタログをつくる仕事を受けていましたが、やがて宣伝部だけではなく、別の部署から入社案内や会社案内を制作する依頼もいただくようになりました。

そのとき会社案内を担当した部長が、明快に同社の事業を一つひとつ説明してくれました。

同社が楽器事業に参入したのは、培ってきたデジタルの技術を生かせるから。これこれの別の事業に参入しないのは、こうした相乗効果が見込めないから、などなど。発明と言っていいデジタル製品を、破格の価格で上市する。しかも、日本社会や世界の暮らしを変える、すごい会社だということを思い知らされました。

「創造　貢献」はダテじゃないのです。

この日から、私のものづくり企業への傾倒がはじまりました。

やがて製造業のマーケティングコンサルタントを名乗って中小製造業や町工場の支援をするようになり、工業技術系の大学でマーケティングを教えるようになっていきます。

その選択肢は、カッコよく言えば、おカネよりやりがいを取ったカタチです。

正直なところ、大手企業の仕事を請負ったり、製造業以外の案件を受けたほうが仕事は多く、儲かります。

それでも、やりたい仕事のほうを選びました。仕事を一緒にしたい会社を取ったのです。

共鳴・共感で人を採れる企業のチカラ

私などでもそうなのです。いまや日本は、基本的には食うには困らない社会になっています。自分のやりがいのために、高額の報酬を蹴る人も少なくありません。**そういう熱い人を採用するときに必要になるのが、その会社の価値観を伝える旗印です。すなわち企業スローガンや企業理念です。**

ここに、企業がこだわる強みや価値観を書き込んで、高々と掲げていく。それに共鳴する人が集まってくる。同じ価値観を持つ人、やりがいで会社を選んだ人は、短期間で転職したりはせず長く働いてくれるでしょう。

採用に特化したSNSであるウォンテッドリーの企業サイトには、「仕事探しに、ビジョンやミッションを軸としたマッチングを……」と記載されています。

これは、企業の大小や給与待遇ではなく、企業が発信するビジョンやストーリーに共感して仕事を選ぼうということ。

企業スローガンは、そうした採用活動のまさにシンボルになるのです。

商品が見出され、売れていくことも重要ですが、会社が愛され、人の力が集積していくことも劣らずに大切です。

仕事のやりがいを言葉に置き換える

静岡県のある市で、キャッチコピーのセミナー講師を務めたとき、参加者の方から相談を受けました。

建設会社を経営している社長さんは、「ウチは巨大な橋を架けるような大きな仕事も受注している会社ですが、一般的な知名度がないせいで、人を採ることができずに困っています」と言うのです。

さらにお話を聞くと、たしかに土木系の大きな仕事を受注している、きちんとした会社だということがわかりました。大手建設会社のキャッチコピーで言えば、大成建設の「地図に残る仕事」なのです、まさに。

しかし、「地図に残る仕事」そのままではパクリになってしまいます。

そこで、私が即興で書いたキャッチコピー案は次のようなものでした。

○○社の作品は、宇宙からも見える。

橋梁《きょうりょう》やスタジアムのような土木建築を、あえて「作品」とよび、クリエイターっぽくしてみました。これが求人広告票に使われれば、いままでとは違う反応が得られるのではないでしょうか。

「なんでオレが企業スローガンを書くのか」

私の支援先に、ユニテックフーズという食品素材メーカーがあります。こちらの会社もご多分にもれず、人材採用に困っています。

私が支援に入ったときには、まだ企業スローガンはありませんでしたので、「もったいないので、ぜひつくりましょう」と言って制作を進めることにしました。

その制作方法はどのようなものかというと、「社員全員に企業スローガン案を書いてもらってください」というメンドくさいお願いなのです。

私の耳には届いてきませんが、おそらく「なんでオレがそんなの書かなきゃいけないんだ」とか、「オレは忙しいんだよ」のような不満の声が上がったのではないかと想像します。

そのうえ、文章を書くのが仕事という人はほとんどいませんから、そのまま使えるような、キラリと光る1行ができあがってくることも期待できない。

それでも、みなさんに書いてもらった企業スローガンの案を一覧表にしてもらって眺めていると、「さすがはみんな、同じ方向を向いて仕事をしているのだなぁ」と感じさせられました。

なぜなら、**各人が思い思いに書いた企業スローガンなのに、まったく同じキーワードが何度も出てくる**のです。

それは、まず「素材」というキーワードでした。

同社は食品素材メーカーですから、「ウチは素材が命」と言いたいわけです。

次は「技術」というキーワードです。

ちなみに、同社の社業をカンタンに説明しておきますと、リンゴなどから抽出したペクチンという食物繊維を、増粘剤としてプリンやゼリーのメーカーに販売する、というものです。

そのため、「ウチはプリンやゼリーなどの最終製品に添加しやすい形式に加工する技術がすぐれています」と言いたいのです。

続いては「食卓が豊か」になる、プリンを食べたお子さんが「笑顔」になるという言葉でした。

そこで、私がこれら3つのキーワードをピックアップして、コピーライター的なテクニックで書いたのが次のような企業スローガンです。

素材×技術＝笑顔²

上の一文は、同社のウェブサイトや会社案内に掲載されているのですが、最初に効果を表したのは就職説明会でした。

会場で、企業スローガンのお披露目をしてもらったのです。当社の新しい企業スローガンはこれです、その意図するところはこれこれです、というように。

すると、ほかの部分は例年と内容の変わらない説明会において、エントリーしてくれた学生の人数が前年の約2・5倍になったのです。

誰もが経営者の視点を持つ組織へ

しかし、このことは目先の効果だと思っていました。本当の狙いは別にあったのです。社員の人たちは「なんでオレが書かなきゃならないのか」と不平を言いながらも、いざ書く段になると「じゃ、うちの会社のウリってなんだろう、競合に勝っている点ってなんだろう?」、あるいは「5年後、10年後、ウチはどうなっていればいいのか?」というように、会社の根幹について真剣に考える時間ができるのです。

その結果、策定された企業スローガンを見て、「あ、オレが書いたキーワードが使われている」というような参加意識も芽生え、さらに社員の何割かは、まるで経営者の視点を持って日常の業務に取り組んでくれるようになる、……のではないかというのが、じつは隠れた狙いなのです。

このように、会社の内外に影響をもたらす企業スローガンのつくり方というのもありますので、ぜひ参考にしてみてください。

秒でウリが伝わるキービジュアルの活用

ウェブサイトでは、目の前の商談相手の反応を見ながらセールストークするわけにはいきません。サイトを訪れてくれた人に、一方的に語りかけて説得をしなければならないのです。

しかも、訪問者が見てくれる時間は3秒程度。この短時間に、商品や技術を説明して最適の出会いを生むためには、言葉だけでなくビジュアルの力も合わせて表現する必要があります。

つまり、**言葉とビジュアルのセットでウリのポイントを見える化する**ことで、よりスピーディに明快に伝えようというわけです。

その、見える化の素材がキービジュアルです。キービジュアルとは、言いたいことが見た瞬間に伝わるメインの絵柄のことです。

さまざまなツールに連動できるキービジュアル

一つの商品や技術について、一つの定番となるビジュアルがあると、ツールをつくることがラクになります。ウェブサイトやカタログ、営業資料のパワーポイント、オンライン展示会などに統一して活用できますので、ぜひ〝開発〟していただきたいものです。

口頭で伝えるとわかりづらいシステムのような場合も、図解すると一発で伝わります。メリットを享受しているシーンをわかりやすく見せたり、商品のサイズがウリの場合も、そのスケール感を誰にもわかる比較で見せることが可能です。

たとえば、山梨県で極細のレンズを磨き出している和紘工業では、血管内視鏡用の直径0・3ミリ（！）のレンズを生産しています。同社が、カタログや展示会用のパネルに掲示している商品ビジュアルは、レンズそのものが置かれた奥に、線の入った板がピアノの鍵盤のように見えている、というものでした。

じつは、その線の幅は1ミリを表しています。それがわかれば、手前にある透明なスティックがすごいサイズのレンズだとわかるのですが、少し気づきづらいものでした。

サイズ感を伝えるキービジュアル

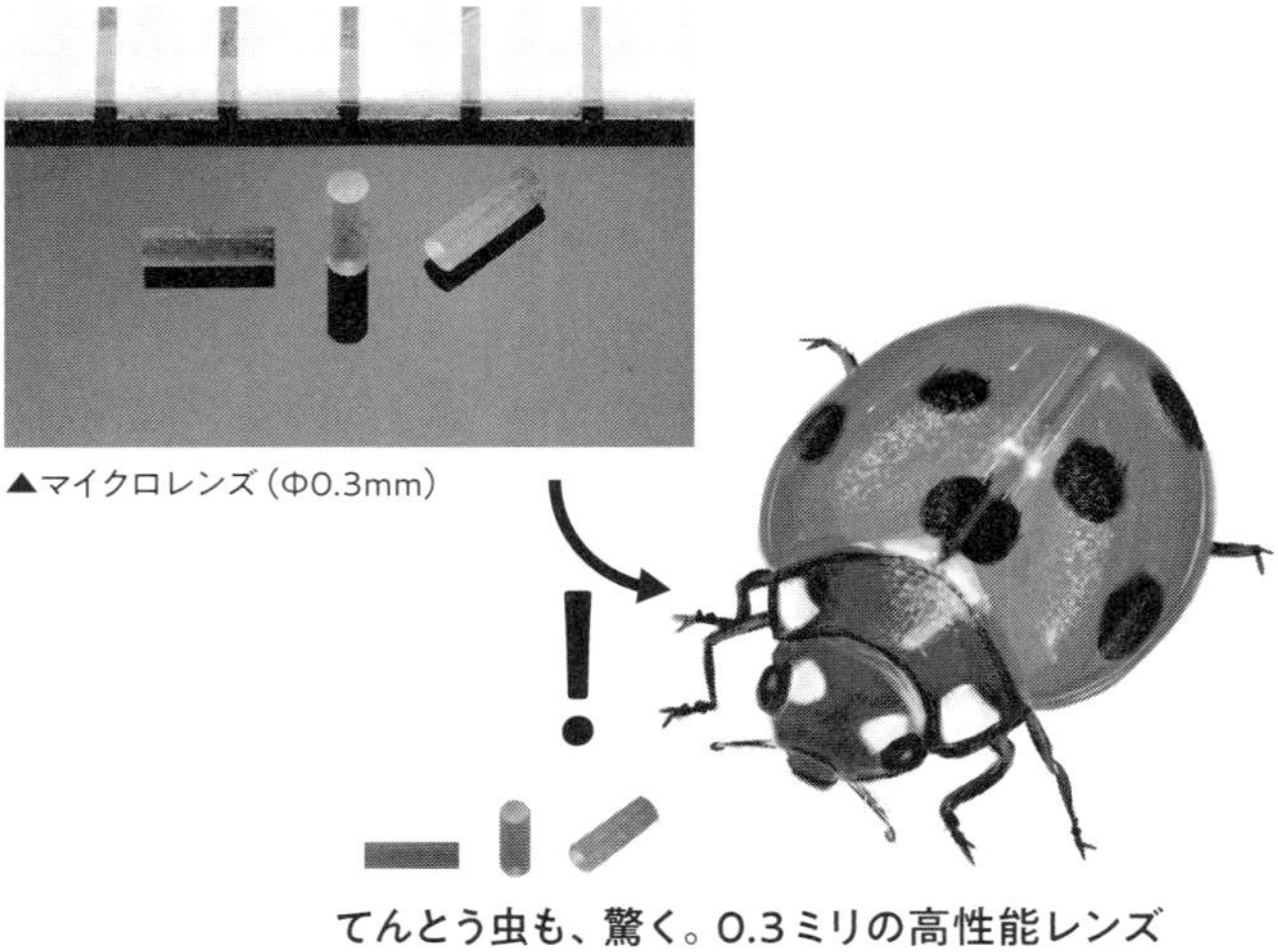
▲マイクロレンズ（Φ0.3mm）
てんとう虫も、驚く。0.3ミリの高性能レンズ

そこで、わかりやすい比較で目を引こうと考えました。小ささの象徴として、昆虫のアリかテントウ虫を置いてサイズ感を伝え、工業製品の説明図には出てこない違和感のある生き物のビジュアルで注目してもらい、記憶してもらおうと考えたのです。

うまく伝われば、「あの、てんとう虫のレンズ」としてユーザーに覚えてもらうことにもなると思います。

あるいは、言葉で説明することがむずかしいシステムなどの場合、やはり図解が力を持ちます。たと

図解のキービジュアル

えば、富山県の住まい・環境プランニング社は、雨水を溜めて循環させ、屋根に積もる雪を溶かし、太陽光パネルの発電効率も高めるというシステムを販売しています。しかも、雨水には無害な不凍液を混ぜるので、極寒の真冬にも凍ってしまうことがないのです。

ＩＴやＩｏＴ系サービスのように、無線で電波が飛んだり、バックグラウンドでソフトウェアが動いていたりするシステムなら、**見えない部分の流れもイラスト化することで理解を助けることが可能**です。

このように、キャッチコピーだ

けでなく、キービジュアルと組み合わせて提示することで、ウリの伝わるスピードは大きくアップするのです。

キービジュアル発想・9の考え方

①商品やパッケージを出す
②使用シーンを絵にする
③システムや仕組みを図解する
④サイズがわかるように比較する
⑤困っているシーンを見せる
⑥解決したシーンを見せる
⑦ビフォア・アフターを表現する
⑧ウリやデータ数字などを大きく出す
⑨シズル写真を見せる

ウリをコンテンツで蓄積していく

自社のウェブサイトや、通販サイトに多くのアクセスを集めるためには、ＳＥＯ対策をしなければなりません。しかし、近年はグーグルの検索エンジンが賢くなりすぎてしまい、小手先の対策では見抜かれてしまいます。

かつては被リンクをおカネで買ったり、キーワードを透明にしてページに埋め込んだり、内容のうすいページを大量生産する、などの対策がまかり通っていました。

最近でも、ライターを雇って書かせた長文のページを量産する、という手法が多く見られました。**こうした実のない対策は、グーグルがアルゴリズムを見直すたびに駆逐されていく運命です。**

アクセスしてくれた人たちにとって、本当に役に立つページにしなければ、もはや検索結果のページに上位表示されることはないと言っていいでしょう。

シェアトップ企業の上を行くコンテンツ戦略

そうなると、会社のなかの人が有用なノウハウや情報を書き綴《つづ》り、地道にページを追加・更新していくしか道は残されていません。

クラウドソーシングなどのライターに外注し、生半可な知識で大量に書いてもらっただけの文章は、見込み客である訪問者にもグーグルの検索エンジンにも評価されないのです。

ここは、ぜひ自社や商品のウリに関わる有益な情報やノウハウを、あなた自らが書いてください。独自のウリを際立たせる役立ち情報を毎日のように書いて、黙々とページを蓄積していってください。

ユーザーが商品を使用するときに、困りがちなことなどの解決方法を書いたり、技術情報の解説をしたり、あるいは用語集などのお役立ちページを構築するのもいいでしょう。

まさに、**これが究極のSEO対策となるコンテンツマーケティング**なのです。

成功事例はたくさんありますが、一つだけご紹介します。

あるニッチな業界に属する会社が、当該分野に関わる知識を、まるで大学の授業のように「〇〇ゼミナール」とネーミングし、1時限目・2時限目とページを分けて、基礎から応用まで親切に解説しているウェブサイトがあります。

関連キーワードで検索したとき、このページは上位に表示されます。

ユーザーは、こういうページを見ると、「これは新入社員に読ませるのにうってつけだな、きっとこの会社はこの分野のリーダー企業にちがいない」と受け止めます。

ところが、シェアトップのリーダー企業は別にあります。積極的なコンテンツマーケティングにより、本来のトップ企業はイメージ戦略で、この会社に負けてしまっていると言えるのです。

動画コンテンツを活用する

最近は、文章が読まれにくくなっており、ユーザーは2～3分の動画を観ることでさっと理解しようとする傾向があります。

そこで、あなたのビジネスでもウリを伝える動画を作成し、ぜひ効果的に活用してください。

動画というと手間がかかりそうですが、スマホで撮影し、フリーソフトなどを使って編集すれば簡単で、コストもかかりません。参考動画はユーチューブに山ほどあります。

編集がむずかしいなら、編集作業だけを外注することもできます。クラウドソーシングに登録している動画編集者に発注すればコストを抑えられます。

予算が取れるなら企画構成・撮影から編集まで、まるごと外注することもできます。

【動画作成のコツ】

- **長さは2分前後**（1分では内容がうすく見えてしまい、3分以上では長い）
- **音楽は入れない**（会社のデスクで視聴することもあるため）
- **字幕はフルに入れる**（音声なしでもすべて理解できるように）
- **静止画でもいい**（結婚式の披露宴で観るようなスライドショー形式）
- **冒頭につかみを入れる**（衝撃の成功事例、信じがたいデータなど）
- **まずは漫画のような絵コンテを描いてみる**

【動画のコンテンツ例】

■商品や技術説明の場合

ユーザーの課題提示
↓
当社の解決策（ウリ）
↓
実施・使用シーン
↓
ユーザー・インタビュー（他社より優位な点など）
↓
メリットの整理

■企業紹介の場合

技術・製品紹介
↓
工場・設備紹介
↓
会社の歴史
↓
企業理念
↓
技術者紹介
↓
社長挨拶

マスコミでウリを紹介してもらう方法

プレスリリースが紹介されれば、新聞社やテレビなどの第三者が無料で推奨してくれるのですから、効果は計り知れません。

ただ、最近は多くの企業がこれらの効果に目覚め、プレスリリースを配信するようになっています。そのため、配信されるプレスリリースの数が増えてしまい、過当競争になっていると言えます。

単なる「新商品の売り込み」では載らない

採用、紹介してもらうためには、数多くプレスリリースを出すという方法がありますが、その前にまずはＡ４用紙１枚に内容をつくり込むことが大切です。

メディアの紹介記事やコーナーは、読者や視聴者にとって有用な情報を伝えるためにあります。広告媒体ではないのです。

そのため、「新製品、出ました」とか「新サービス、はじめました」だけでは、なかなか記事として掲載されることはありません。

しかし、これが社会課題を解決する取り組みであったり、物語性や人の切実なニーズや興味に触れるキーワードがあったり、読者や視聴者が知るべき重要な情報が含まれていたりすると、メディアも取り上げることを考えます。

社会課題とは、環境・省エネ、少子高齢化、弱者救済、社会貢献・ボランティアなどです。こうした問題をときほぐす取り組みであれば、紹介する意義があると考えてもらえます。

メディアの記者の気持ちになると、紹介するかしないかの分かれ目は「これを紹介したらうちの読者（視聴者）は喜ぶか」なのだとわかります。

細かなことを言いますと、休みの前はチャンスが増えます。

年末年始、4月異動シーズン、夏休みには人手が少なくなるので、その前には記事を書き溜めておかなければなりません。だから、その前は採用率が高まるということです。

切り口の「発想ホイール」を回す

新商品が出ます、だけでは紹介されないと書きました。では、どうすればいいのか。**商品や技術の周辺情報を伝えることで、単にビジネスではないストーリーに仕立てることで注目をしてもらうのです。**

そのために、私が提唱しているのが「発想ホイール」です。

このホイール（輪）は5つの観点からなっており、発想の転換をしていく拠り所となるものです。ぜひ、参考にしてプレスリリースを作成してください。

メディア側も情報を、つねに探しています。プレスリリースという情報を送るなら、もっとも情報を探している人に届けるべきです。

新聞であれば、当該記事の担当部門です。では、テレビやラジオ番組ではどこになるでしょうか。

テレビやラジオ番組を制作しているのは、テレビ局やラジオ局ではなく、下請けの制作会社が多いということは、一般的にも知られるようになってきました。そのため、プ

発想のホイール

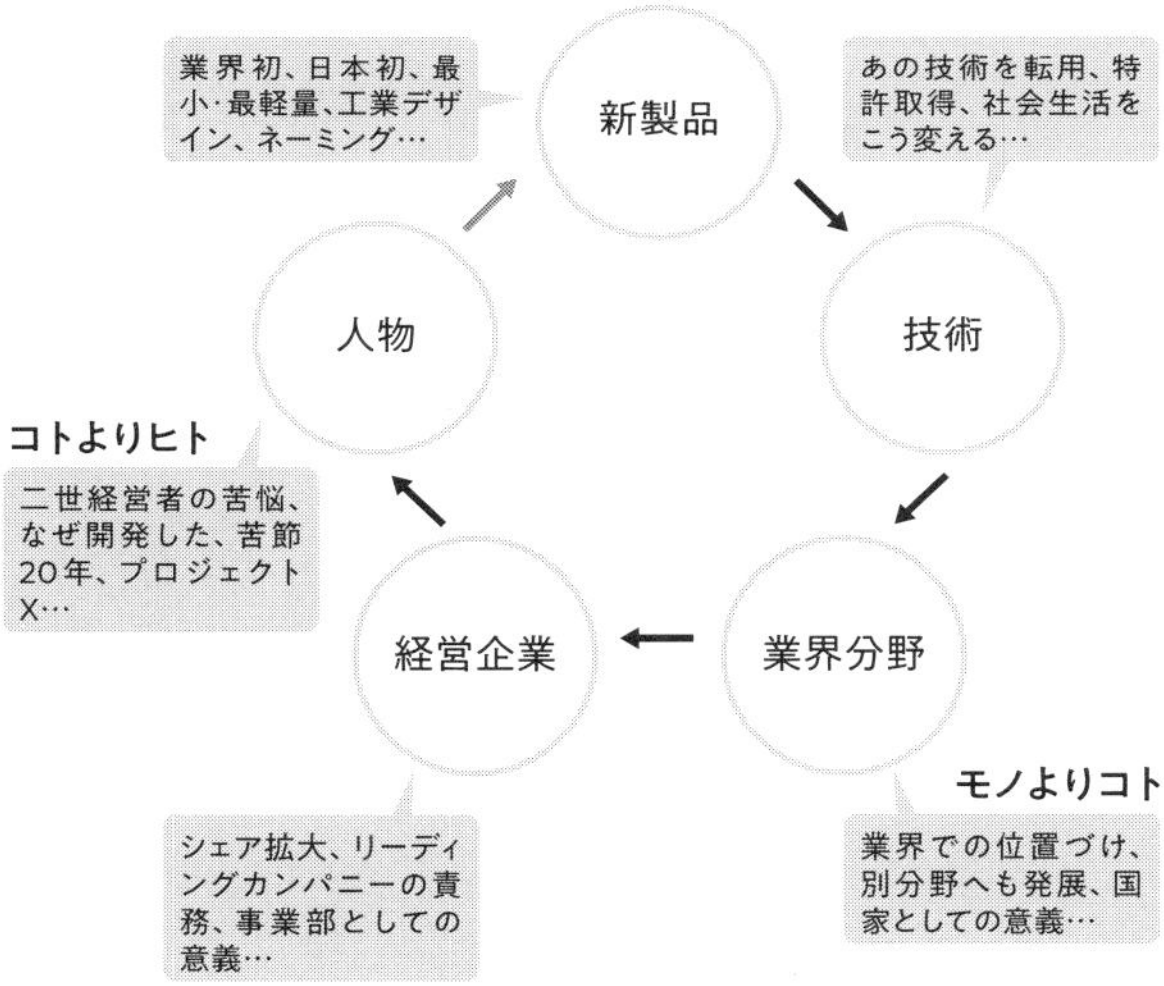
新製品
業界初、日本初、最小·最軽量、工業デザイン、ネーミング…
あの技術を転用、特許取得、社会生活をこう変える…
技術
業界分野
モノよりコト
業界での位置づけ、別分野へも発展、国家としての意義…
経営企業
シェア拡大、リーディングカンパニーの責務、事業部としての意義…
人物
コトよりヒト
二世経営者の苦悩、なぜ開発した、苦節20年、プロジェクトX…

レスリリースも、放送局ではなく制作会社に送るほうがよいのです。

私がラジオ番組に呼ばれるときも、制作会社のディレクターか、放送作家の方からということがほとんどです。

プレスリリースはリサーチャーに送る

ここからは一般には語られていないことですが、制作会社のさらに下請けとして、情報収集をしているのがリサーチ会社です。これはマーケティング調査会社ではなく、番組制作のための情報収集を担当する会社です。**この担当者に**

プレスリリースを送るのが、じつはもっとも採用確率を高める方法なのです。

リサーチ会社は、番組最後のタイトルロールに表記されていることもありますし、長寿番組や人気番組であれば、ウィキペディアに掲載されています。

それが見つからなくても、番組名とリサーチ会社の2語で検索すると、リサーチ会社サイト内の担当番組の実績ページに行き当たります。

リサーチは会社ではなく、個人のリサーチャーが担当していることもありますし、制作会社が大手の場合は、社内のリサーチ部門が担当していますので、できれば個人名宛てでそれぞれ送りたいところです。

こうした対応が取れれば、あなたのプレスリリースの採用率は格段に高まることと思います。

5
ワーク

キャッチコピーをサクッと書く方法

キャッチコピーの書き方に困ったら、次の3つの項目をすべて、または2つを入れた文章を書いてみてください。それがいちばんカンタンなキャッチコピーを書く第一歩です。

【キャッチコピーに入れる3項目】
①お客様　……対象となるお客様
②課題　……お客様のお悩みや課題、欲しいもの
③メリット……あなたの商品による解決の仕方
↓
お客様の課題、こう解決します！

①のお客様は、「～でお困りの方」や「婚活中のあなた」「受験生をお持ちのお母様」「○○業界の方」などとなります。

②の課題、お悩みの点は、「いつもダイエットに失敗する」「商品が売れない」などです。

①と②をうまく合体できれば、「ヒザの痛みで・お困りの方」とか「電気代の高さに驚いている・工場長さん」のように、簡潔になります。

③のメリットは、「大幅なコストダウン」や「真っ白な洗い上がり」のように、あなたの商品・サービスによる解決の仕方、導き出せる結果を書きます。

これらの要素を入れ込んで一文にすると、次のようにややキャッチコピーらしくなります。

「いつもダイエットに失敗しているあなたも、健康的に痩せられる！」

「電気代が高いと驚いている工場長に、2割削減できるプランをご紹介」

「そのヒザの痛みに効く、グルコサミンを飲みやすくしました」

最初はここをスタート地点として、お客様の反応を見ながら改善していきましょう。

また、同じことを伝えられるならキャッチコピーは短いに越したことはありません。あまりいろいろな要素や特長を盛り込まず、できるだけシンプルな一文を心がけましょう。

おわりに

無料のセミナーはタダではない？

商工会・商工会議所や、各都道府県の振興公社で開催されるセミナーは、中小企業をサポートする意味から、無料で開催されることがほとんどです。

しかし、「無料」といっても、あなたが負担するものは何もないということではありません。本文にあったように、時間より価値のあるものはなかなかない世の中です。

まずは、着席して、講師の話に耳を傾けたりメモを取ったりする時間。リアル開催であれば、会場を往復する時間。

参加者の時給が3000円であるなら、セミナーの2時間と往復の1時間とで、その人は9000円の対価を支払ったことになります。

それでも、セミナーのノウハウをしっかり持ち帰れれば、問題はありません。ところが、ここで障壁となる思い込みが「無料で得られたノウハウの価値は無料である」ということです。

たとえば、料金が1万円のセミナーであれば、参加者は1万円分のノウハウを持ち帰ろうと躍起になり、どこかにその価値を見出すでしょう。

ところが、無料のセミナーであれば、何も持ち帰らなくてもソンはないと考えてしまう。講師の言葉をなんとなく聞き流してしまったり、セミナーの最中にスマホのメッセージを返信したりする人もいます。

これほどもったいないことはありません。

今日のセミナーは役に立ちそうもない、またはウチの業界とは関係のない話だ、と考えたとしても、必ず役に立つポイントというものはあるはずなのです。

無関係な業界の事例は聞き流す!?

また、熱心に聞いている参加者の方であっても、自分の所属する業界に近い話だけに聞き耳を立てる人もいます。

遠い業界の成功事例は取り入れようがないとして、聞き流してしまうのです。

一方で、参加慣れしている人は、むしろ「別業界の事例を聞きたい」と言います。なぜなら、同業での成功事例は取り入れることが容易なので、結局は差別化にならないとわかっているのです。あるいは、同業の情報や事例はすでに知っているのです。

一見、無関係に見える業界の事例を工夫して取り入れることができれば、それは競争力になる。だから、無関係な成功事例を聞きたいというのです。


さて、本書も、多数の事例を掲載し、説明していくスタイルをとっています。

私の支援先で実施して成功した事例、セミナーで訪れた地方企業の経営者から聞いた話、相談を受けて私が考えた答え、友人のコンサルタントから聞いた話、などなど。

そこで、読者の方にお願いしたいのですが、事例を読んだときに「なるほどね、でもウチの業界では通用しない」と受け止めずに、手を止めて考えていただきたいのです。

本書のいちばん役に立つ読み方？

無関係な業界だからとスルーしてしまうのではなく、「慣行が違うウチの業界ではどんなやり方なら可能だろうか、ウチの会社の商品に当てはめるとどうなるか」という観点で読んでほしいのです。

各章末のワークに取り組んでいただくとともに、そういう読み取り方をしていただけると、本書はメキメキ役に立つと思います。

成果の出る実践へと結びつけていただけたなら、著者としてこれにまさる喜びはありません。


最後になりましたが、本書出版の機会をくださった秀和システムの丑久保和哉さんに、心より感謝を申し上げます。企画や構成、表記に至るまで真摯に取り組んでいただき、その姿勢に強く刺激をいただきました。

また、私を講師や支援専門家としてお呼びいただいた、全国の商工会・商工会議所の担当者各位にも、心よりお礼を申し上げます。

そして、本書を最後までお読みいただいたあなたの、よりよい商品をより多くの人に届けたいという熱い想いに、心からのエールを送りつつ、ペンをおきたいと思います。

2021年7月

弓削 徹

参考文献

『社長は少しバカがいい。』鈴木喬／WAVE出版
『ビジネスの成功はデザインだ』神田昌典&湯山玲子／マガジンハウス
『ヒット商品が教えてくれる人の「ホンネ」をつかむ技術』並木裕太／講談社
『感動する会社は、なぜ、すべてがうまく回っているのか？』藤井正隆／マガジンハウス

【著者プロフィール】

弓削 徹　ゆげ・とおる
コピーライター、製造業のマーケティング・コンサルタント。日本工業大学大学院教授。

クリエイターとしてSONY、サントリー、JT、雪印などの大手企業から中小零細企業まで2,200社のマーケティング活動を担当して売上拡大に貢献する。「ノートパソコン」の命名者。

現在は、中小ものづくり企業の販路開拓を支援する活動のほか、大学でマーケティングの授業をおこなう。また、これまで全国の商工会議所で「ウリを見つけるセミナー」など650回以上の登壇実績がある。

中小機構の中小企業アドバイザー、復興庁の有識者会議委員を務めるほか、FMラジオJ-WAVE、TBSラジオなどの情報番組にコメンテーターとして出演。著書に『キャッチコピーの極意』（明日香出版社）、『短い言葉を武器にする』（フォレスト出版）、『顧客は展示会で見つけなさい』（日刊工業新聞社）などがある。

■装丁　　大場君人

即買《そくが》いされる技術《ぎじゅつ》
キャッチコピーはウリが9《きゅう》割《わり》

発行日　2021年 7月25日　　第1版第1刷

著　者　弓削《ゆげ》　徹《とおる》

発行者　斉藤　和邦
発行所　株式会社　秀和システム
〒135-0016
東京都江東区東陽2-4-2　新宮ビル2F
Tel 03-6264-3105（販売）Fax 03-6264-3094
印刷所　日経印刷株式会社　　Printed in Japan

ISBN978-4-7980-6460-4 C0036